U0717057

中华先贤人物故事汇

于谦

元 伟 著

中华书局

图书在版编目(CIP)数据

于谦/元伟著. —北京：中华书局，2022.1
(中华先贤人物故事汇)
ISBN 978-7-101-15400-9

Ⅰ.于… Ⅱ.元… Ⅲ.于谦(1398~1457)-生平事迹
Ⅳ.K827＝48

中国版本图书馆 CIP 数据核字(2021)第 205942 号

书　　名　于　谦
著　　者　元　伟
丛 书 名　中华先贤人物故事汇
责任编辑　董邦冠
出版发行　中华书局
　　　　　(北京市丰台区太平桥西里 38 号　100073)
　　　　　http://www.zhbc.com.cn
　　　　　E-mail:zhbc@zhbc.com.cn
印　　刷　北京瑞古冠中印刷厂
版　　次　2022 年 1 月北京第 1 版
　　　　　2022 年 1 月北京第 1 次印刷
规　　格　开本/787×1092 毫米　1/32
　　　　　印张4¼　插页 2　字数 50 千字
印　　数　1-8000 册
国际书号　ISBN 978-7-101-15400-9
定　　价　20.00 元

出 版 说 明

孔子周游列国，创立儒家学说；张骞出使西域，开辟丝绸之路；书圣王羲之，留下了曲水流觞的佳话；诗仙李白，写下了"举头望明月，低头思故乡"的名篇；王安石为纠正时弊，推行变法；李时珍广集博采，躬亲实践，编撰医药学名著《本草纲目》……

这些杰出的历史人物，有的是在中华民族文明进程中做出过突出贡献、对后世产生过巨大影响的思想家、政治家，有的是对中华优秀传统文化的传承传播发挥过重大作用的文学家、艺术家、科学家，有的是为国家安定统一、民族融合团结和中外文化交流做出过杰出贡献的军事家、外交家……他们为中华民族的繁荣发展做出了伟大的贡献，他们的行为事迹、风范品格为当世楷模，并垂范后世。

他们是中华民族的先贤人物。他们的思想、品德、事迹，是中华优秀传统文化的结晶。他们的故事，是对中华民族的禀赋、特点和气质最生动、最鲜活的阐释。他们的名字，在五千年中华文明史上最为光彩夺目。他们为五千年中华文明史书写了最为光辉灿烂的篇章。

为了解先贤，走近先贤，我们精心组织编写了这套《中华先贤人物故事汇》丛书。以详实可靠的史料为依据，以细腻动人的故事为载体，真实地呈现中华先贤人物的事迹、品格和精神风貌，彰显他们的贡献和功绩，以激发人们对国家民族的热爱，对中华文明、中华优秀传统文化的崇敬。

开卷有益，期待这套丛书成为你的良师益友。

目 录

导 读

　　于谦（1398—1457），明朝大臣，字廷益，号节庵，浙江钱塘人。他历任监察御史、兵部侍郎兼河南、山西等地巡抚，官至兵部尚书。于谦是明朝抵抗瓦剌入侵的英雄，后来含冤身死。明孝宗追谥他为"肃愍"，明神宗又改谥"忠肃"，所以又称于忠肃公。

　　于谦性格刚直，嫉恶如仇。在意气风发的青年时代，他在科举考试中指斥时弊，也敢在天子驾前申斥汉王；做了监察御史后，他严振纲纪，朝野风气为之一新；巡抚各地时，他不避权贵，为民做主，赢得百姓爱戴；他刚勇无畏，令剪径盗贼也为之屈服。

于谦履职期间，精明果断，卓有政声。瓦剌入侵，土木之变发生，明军精锐全军覆没，明英宗也做了俘虏。山河将倾，他挺身而出，力挽狂澜，置个人之生死于度外。而后运筹帷幄，反败为胜。毫无疑问，他就是国之栋梁，中流砥柱。

于谦官居高位，却始终清贫。别人笑他不会钻营，他却以两袖清风自豪。别人针锋相对，他却以德报怨。可是，"太高人愈妒，过洁世同嫌"，刚正不阿、高洁傲岸的人格，却成为政敌攻击的借口，最终竟将他推向了命运的深渊。

据说于谦幼年时写过这样的诗："千锤万斧出深山，烈火坑中过一番。粉骨碎身都不顾，只留清白在人间。"这正是他不畏艰险、不怕试炼、忠直正义的写照，感动、激励着无数仁人义士。

济世之才

家族希望

明朝洪武三十一年（1398），四月二十七日。时值初夏，天气还未至炎热。

浙江杭州府，钱塘县清河坊太平里，于宅。

"哇——"

一声响亮的啼哭，划破了正午的沉寂。于彦昭在产房外焦急地踱来踱去，手搓个不停。很快稳婆出来报喜道："恭喜于老爷，是个公子！"

于彦昭这才喜笑颜开，松开了攥紧的汗手，快步奔上台阶。他心想，于家累世官宦，虽然自己功名不显，但这个孩子必定不同凡响！

稳婆抱出孩子的一刹那，于彦昭迫不及待地"抢"了过来。襁褓中的婴孩脸色红润，肌肤丰盈，哭声中气十足，就连抱起来也感觉比一般的孩子沉些。于彦昭想，这孩子看着气色红润、体格健壮，莫非真是家族的希望？

于彦昭的父亲于文大在洪武初年做到了工部主事，在乡里也是个很受尊敬的人。他热衷于搜集历史上的忠烈人物事迹，经常讲给家里人听，教育孩子向他们学习。于文大特别崇拜宋末名相文天祥，每当讲到文丞相慷慨赴死的忠烈故事，便悲从中来，浊泪翻涌。久而久之，他又觉得颇不尽意，索性在家里挂起文天祥的画像，带着家人四时祭拜，晨昏叩首，很是虔诚。

从于彦昭记事起，父亲于文大就给他讲了很多英烈人物的故事，自然也讲到了对于氏子弟的期望。于文大一再期盼，于家的子弟当中，能出现文天祥这样的英雄人物。

……

于彦昭沉浸在遐想中，一时没有回过神来。响亮的哭声，将他从浮想中拉回现实。他醒了醒神，端详着怀中的孩子，越看越欢喜，宠溺地点着孩子的鼻头，哄了又哄。

于文大添了孙子，老脸上的褶皱舒展多了，逢人便夸孙子伶俐。于彦昭喜得贵子，兴奋了好些天，一想到这孩子将来能继承家业，便浑身充满了力量。

这个孩子也争气，生来就身强体健，能吃能喝，长势飞快。若说有什么短处，便是性格太刚硬了些——他从不轻易哭喊，但一哭就哄不住；坐卧饮食，须得顺着他来，不然就要发脾气，哄也哄不住。

"真是个臭脾气啊。"于彦昭很不情愿地换着尿布，嘟哝着。

到了取名的时候，祖父于文大早已定下主意："就叫'于谦'吧，'谦逊'的'谦'。古人云：'满招损，谦受益。'不如给这孩子起名'于谦'。"

一代忠臣名将于谦，就这样开始了他的人生。

幼年的于谦，虽然还是个孩子，却生得天庭饱满，双目如炬，鼻准丰隆，说起话来果决干脆、掷地有声，俨然是个小小男子汉。论相貌、仪表，在同龄孩童中绝对是最亮眼的那个。

属对敏捷

于谦五岁时，家里安排他到私塾读书，跟着先生们吟诵蒙书，识文断字。他过目成诵，刚学的文章，便能一字不落地背下来。而且他反应也十分机敏，最爱做对子，常常令出题的先生大感意外。时间一长，于谦神童的名声不胫而走，也惹得一些好奇的人总想"刁难"他。

一次出行，经过癸辛街时，同行的一位先生灵机一动，对于谦说："于谦，都说你擅长对对子，考你一下如何？"

"您请讲。"

"适才正好路过癸辛街，不如就以此街名为上联，你来对个下联。"

于谦开始搜索自己的知识库存。他心道，这"癸辛街"是杭州有名的街道，因为朝着癸、辛（东北、西北）方向而得名。宋代有个叫周密的大学者就在这里住过，写的书就叫《癸辛杂识》。看来，"癸辛街"这个上联，字面有干支，还对应着现实中的场所，真的很难对上。

于谦眉头紧锁，肉乎乎的小手在脑袋上抓了几下，陷入了沉思。过了片刻，他忽然眼睛一亮，脱口而出："子午谷！"

话一出口，出题那人便呆住了。原来，这"子午谷"在秦岭中也是个有名的胜地，据说是西汉末年王莽开辟的，一度成为连通南北的重要通道，"子""午"的意思就是指向北方和南方，因此得名。

见众人不做声，于谦眼睛骨碌一转，索性给大人们上起课来了："待我说与各位听。三国时期魏蜀两国交战，蜀国大将魏延想出'子午谷奇谋'，想经过子午谷突袭长安。正因如此，子午谷成了兵家必争之地。唐朝时杨贵妃想吃荔枝，也是穿过这条峡谷送往长安的。这些故事，你们难道不知道吗？"

大人们听他这么说，都乐了，竞相夸赞。用"子午谷"来对"癸辛街"，确实令人拍案叫绝！

还有一次，于谦跟着大人出游，登上了金陵的

见众人不做声，于谦索性给大家上起课来了。

凤凰台。这凤凰台是六朝古迹，传说有凤凰曾在这里出现，因此人们修建了这座凤凰台，自古就是文人墨客题咏的对象。这时，同行的一个人想考一下于谦："于谦，听说你对对子很厉害，我便考你一考，如何？"

"您说！"

"听好了，上联是：今朝同上凤凰台。"

于谦稍作思考，便道："他年独占麒麟阁！"

"年轻人，好有志气！"出题人不禁叹道，"这麒麟阁是汉代供奉功臣的地方。当时汉武帝狩猎捕获一只麒麟，认为是祥瑞，于是在未央宫中建了这座麒麟阁。你用'麒麟阁'来对'凤凰台'，妙哉，妙哉！不但字面工整，寓意也极好。小小年纪能作出这种对子，前途必定不可限量！"

于谦听着夸奖，心里很是得意。他是打小听着祖父和父亲讲英雄故事长大的，也立志要做个能进麒麟阁的人物，而且，还要"独占"鳌头！少年英雄多壮志，此言非虚。

渐渐地，考他的人越来越多，他还对出"楼上书房楼下店，图名图利；山东宰相山西将，一文一武"这种隐含玄机的长对子。小小年纪便有这样的才华，于谦很快就出名了。父亲于彦昭嘴上谦虚地回应着人们的称赞，心里别提多高兴了。他越发觉得，这孩子可能真是家族的希望，以后要成为国家的栋梁之材。

高人夸奖

钱塘一带富庶繁华，不少僧道术士在此游走挂单，他们盘踞在街市、曲巷的角落，挂个幡，支个摊，有的是为人占卜吉凶，有的则别有目的，借此来观察当地的风物、民情。

于谦从小就在这一带玩耍，对这些早就见怪不怪了。他才不喜欢那些装神弄鬼的人呢，有时候还故意去学算命人的神态，搞个恶作剧什么的。

这一天，六岁的于谦在市集上和几个小伙伴玩博戏。这博戏又叫"陆博"，是古人最喜欢的游戏之一，方法是用骰子掷出点数，比大小，定输赢。孩子们不断扔出骰子，然后目不转睛地盯着，随着骰子的旋转、落定，发出一阵阵欢呼声或者叹气声，好不热闹。于谦的个头比同龄孩子大，玩得又很认真，因此格外显眼。

街的另一边，一位身穿缁衣的中年僧人远远走来。他约莫五十岁上下，生得慈眉善目，走得从容不迫，他边走边笑，看着这钱塘市集的盛况。

僧人唤作兰古春，俗家在杭州富阳一带，他并非寻常的术士，而是一位睿智的高僧。除了通晓佛法、常替人拜佛诵经外，他还很会看人，能识天下英雄，颇受当地人信重。他这次从杭州西南的富阳出发，准备到人杰地灵的西湖东畔游历一番，期待有一番奇遇。钱塘自古繁华，街上人头攒动，吆喝呼喊，此起彼伏。兰古春走在其中，感受着市井当中的烟火气，心头暖意十足。

正走着，前方的一堆孩子引起了他的注意。其中一个孩子体格健硕，神情坚毅，隐隐透着一股正气，引得兰古春停下脚步来看。他注视半晌，又缓缓迈步走近了些，细细打量这个孩子。

那孩子正是于谦，此时玩得正在兴头上，只见他一次次俯下身子掷骰子，然后聚精会神地盯着。

兰古春打量着于谦，时而眉头越皱越紧，时而又眼笑眉舒，若有所思。

他游历半生，见过无数个孩子，其中不乏天资非凡的好苗子。眼前这个孩子，表情中流露的聪颖和坚毅，深深打动了他。依他的眼力，这孩子日后能成大器，说不好会成为保卫社稷的栋梁、扭转乾坤的英雄。因此他越看越觉得有意思，越想越觉得兴奋。

不过，这样聪慧的孩子，此时竟然沉溺于博戏，不是玩物丧志是什么？

想到这里，兰古春走上前去，轻轻拍了一下那孩子的后背。

于谦猛地转过头来，一脸愠色。突然被打断，他自然很不高兴。

站在身后的，原来是个老和尚。

于谦那眼神，分明是在说："您有何贵干？"

兰古春一笑，说道："这位小施主，我看你面貌不凡，日后说不定能做个挽救江山社稷的宰相。怎么如此不爱惜自己的前程，在这里玩物丧志？"

于谦听到这突如其来的称赞与指责，一时间愣住了，说不上话来，只是瞪着大眼睛，与眼前的老和尚对视。

兰古春却不再说话，长袖一挥，负手离开。

没想到，兰古春说于谦日后会成为宰相这件事，很快传遍了整个太平里，人们啧啧称奇。于家人听说后也十分欣喜，于彦昭心想，这回又有高僧说这孩子是宰相之才，将来肯定是要出人头地了。

只有于谦，一脸茫然地看着满脸喜悦的父母，听着周围人们的称赞，不知道这些意味着什么。

少年壮志

一心向学

顶着天才光环的于谦，他的成长没有令人失望。

在私塾读书的都是住在附近的孩子，一共十几个。私塾先生是本地颇有名望的严师，教出不少秀才。这天，于谦有几个调皮捣蛋的同伴因为不好好听课念书，被打了戒尺，还罚了站。

老先生站在讲台上，铁青着脸看着他们，一言不发。屋外风声飒飒，秋风时不时地钻进屋内，吹得先生花白的胡子飘散飞舞。

半晌，见孩子们坐得端端正正，不再嬉笑，他终于开口说道："你们可知，读书为何？"

这些孩子哪会想到先生会问这样的问题，一时竟无人回应。

"《大学》篇有云：大学之道，必先修身，方能齐家，而后可以治国、平天下。而这修身的第一步，便是好好读书，获取知识。人贵在志存高远。如今你们连第一步都没做好，还谈什么治国平天下呢？"

孩子们听得羞愧地低下了头。

于谦则别有所思。先生这话，他不是第一次听到。早在还没上学的时候，祖父和父亲就给他讲过这些圣贤道理。他还知道，家里供奉的大英雄文天祥，就做到了那些圣贤的要求。

所以，于谦学习格外认真，常常在先生教的内容外，举一反三，屡出惊人之语。就连一向严肃的塾师，也不止一次地对着于彦昭夸赞："于谦这孩子有灵性，真是聪明！"

每次放学，于谦并不像其他孩子一样疯玩，而是将学到的字句工工整整地写在纸上，拿给父亲过目。久而久之，他练出了一手苍劲有力的好字。

十一岁时，于谦到离家不远的惠安寺读书。

惠安寺环境清幽，最是读书的佳处。在这里，于谦和三五良朋一起读书问道，为自己的前程努力着。

学堂里，一群少年正在为读书的事情争论不休。

"我喜欢读李太白的诗，豪情万丈，一泻千里。依我说，这才是世间第一流的文字！"一人道。

"非也！太白诗豪气有余，然终究不过是性情流露，不如老杜之诗。杜诗如巍巍信史，沉郁顿挫，一字千金！"另一人紧跟着回应。

"太白诗浮华，少陵诗则太苦，愚以为诗词曲赋惑人心智，终非正道，还是要专心学业，多读朱子、《四书》为是。"又有一人插话道。

随即是一阵附和之声。

"于谦，你觉得呢？"众人看向一旁读书的于谦，问道。

刚才同学们争辩的那会儿，于谦并没有参与讨论，而是一边看书，一边留心听。他是这里品学兼优的学生，虽然话不多，但同学们很喜欢听他发表意见。

"学业关乎前程，读《四书》无可厚非。不过在此之外，我所喜欢的，非李非杜，非诗非赋，而是策论。"

"策论？"一少年听完一脸不解，"这怎么说？"

"大丈夫生当治国平天下，为苍生社稷谋福，不可只为读书而读书。一心只读圣贤书，舞文弄墨，附庸风雅，又岂是大丈夫所为？策论写的是治国安邦的道理，讨论的是治乱兴亡的规律，最值得一读。秦汉诸子之书，北宋苏东坡的文章，纵横捭阖，博古通今，令人爱不释手。唐代名相陆贽（zhì）的奏疏，高深典雅，读来令人忘倦。这些都是我爱读的。"

围观的少年似懂非懂，有人啧啧称赞，也有人觉得莫名其妙，刚才热闹的气氛瞬间安静了下来。他们们看这个身材魁梧却心思细密的同窗，觉得他有些"另类"。

又有一日，诸位同窗纵谈古今人物，争得面红耳赤。有说喜欢文人的，如司马迁和朱熹；也有说喜欢名将的，如李广和岳飞。

文无第一，武无第二。争来争去，也没个定论。

于谦听到同学们热议，忍不住加入了进来："古今名贤，各有千秋。不过我最喜欢忠臣贤相，如三国蜀汉丞相诸葛亮，辅佐两朝，忠心耿耿，《出师》一表，至今传为绝唱。南宋文天祥誓死不降，舍身取义，成就千古忠名。像这般人物，真是国家栋梁，令人心生向往。"

　　"可那又如何呢？诸葛亮出师未捷身先死，蜀汉终究还是亡了；文丞相慷慨就义，也没能保住南宋江山。"一位同学说道。

　　"话不能这么说。他们虽然没能挽救江山社稷，却用生命诠释了'忠义'二字。他们的死重于泰山，最终青史留名。相比之下，有些人虽能苟活，却得不到人们尊重。人格的高低贵贱，没有比这更分明的了！"

　　那位同学顿时哑口无言。

　　于谦则信步走回座位，默默翻阅着自己的读书笔记，这些笔记里，就有读诸葛亮和文天祥的故事时，有感而发写下的文字。

智斗佥事

永乐十年（1412），提督学道官员到杭州府考评士子，俗称"校士"。年轻学子们眼巴巴地盯着这个机会，因为一旦被选中，就可以进县学，成为秀才了。

学官们初来杭州，不免要走访查探一番。这钱塘向来人杰地灵，若能发现一两个可造之才，为国举荐，也不枉来此一遭。

于谦年少成名，他的名字自然传到了考察官员的耳中。于是，几乎没遇到什么困难，他就被选为钱塘县儒学生员。这一年，他才十四岁。

少年学子很少有敢和上级学官据理力争的，但于谦却是个例外。他向来不怕官，不怕管，只讲个"理"字。

"于家那孩子，性格刚硬得很。你跟他讲道理，他比你还会讲呢！"

"就是嘛！有时候弄得别人好没面子啊！"

街坊邻居，师友同窗，经常这么说。

进了县学后，于谦有一段时间和友人到杭州著名的吴山三茅观读书。当时，为了督促诸生读书，浙江督学道的佥（qiān）事官员常常亲临各书院、书馆。这些督学官员有的平易近人、不拘一格，有的却过于严苛，凡事都要过问，而且喜欢指手画脚。

永乐十三年（1415），于谦十七岁了。这一年，浙江督学道来了一名负责督查的佥事。此人极有官架子，举手投足之间十分傲慢，而且常常小题大做，动辄对老师和生员呵斥詈骂，大家都有些惧怕和讨厌他。

个别年轻气盛的学生，一直想找个机会报复他。

祭拜孔子是全国各级学府的大事。这项本来只在京师太学和孔子家乡曲阜阙里举行的盛典，从太祖在位的时候就发展为天下通祀了。每年春秋两季，不论是京师官学还是府、州、县学，都会隆重举行这项仪式。

这一年初春，杭州学府正在举行祭孔仪式。学子们神态端庄，衣着整齐，祭祀官和执事们依着祖制，次第献礼。礼毕，诸位学官和学子鱼贯而出。

出文庙，须经过泮（pàn）桥。众人走上泮桥时，那位严苛的佥事正好走在最前方，神情轻慢，倨傲无比。相比之下，后面跟随的执事们却显得低眉顺眼。

忽然，不知哪个学生私语了几句，学生群里随即发出一阵哄闹声，数十名学生一齐涌上了泮桥。桥面不过数尺宽，佥事听得后面一阵骚动，还没来得及闪躲，就被挤得趔趔趄趄，靠在了桥边的围栏上。

他急得脸红气粗，拼命地抓着栏杆，但还是被挤得身体歪斜，"啊呀"一声，竟然掉进了泮池里……

平日里对这位佥事恨得牙痒痒的学生，见他在泮池里扑腾，衣衫尽湿，不禁发出一阵哄笑，然后一溜烟作鸟兽散了。

只有于谦还留在泮桥上。他目睹了刚刚发生的一切，却并未逃走，而是快步走下桥来，去拉落水的佥事大人。

佥事头发湿透了，帽子耷拉着，一只手提着官袍衣摆，在水里蹒跚跟跄地趟着。此时春寒未

于谦快步走下桥来，去拉落水的金事大人。

退，池水冰凉，佥事冻得哆哆嗦嗦，脸色苍白，十分狼狈。他正懊恼着，见于谦来拉他，一阵怒火烧来："于谦，你刚才为何推我？你看着知书达理，想不到竟如此顽劣！"

于谦愣住了。他本来是来帮忙的，没想到却被无端地冤枉了！明明是别的学生恶作剧，把佥事大人挤下水，可佥事却混淆是非，迁怒于他。

此时于谦也被激怒了，正待发作，转念又想，眼前这位可是朝廷官员，若贸然反击回去，恐怕会惹来不必要的麻烦。于是，他很快恢复了沉稳与理智，稍加平复心情后，从容地对佥事说："佥事大人，刚才鼓噪起哄的人都跑了，只有我留下来帮您，这您都看到了。"

他顿了顿，接着说道："可是您呢，不去追究那些起哄的学生，反而怪罪帮您的人，这是什么道理呢？您是督学，应该以身作则、以理服人，而不是怪罪无辜的人。"

佥事平时作威作福惯了，没想到这回遇上一个硬骨头，一时间竟哑口无言，很是尴尬，于是悻悻地作罢，气恼地离开了。

看着金事狼狈的身影，于谦的嘴角露出一丝浅笑。对他来说，和长辈上级讲理和"交手"，已经不是第一次了，只要心中无愧，又有何惧呢？

　　没过多久，于谦勇于助人和智斗金事的事就传开了，人们不仅夸他天赋异禀，更称赞他智勇兼备。他的名声更加响亮了。

青天御史

平乱首功

永乐十九年（1421），于谦考中了进士，这一年，他只有二十三岁。其后数年，他便做了很对他脾气的监察御史一职，专门负责督查百官、整肃风纪。在他眼里，大明十三道监察御史是朝廷长治久安的保障，能做一名御史，他深感责任重大。

不过，在成为御史之前，于谦已经有过好几件光辉事迹了。

永乐十七年（1419），于谦二十一岁，携妻子赴山东省亲。此前一年，他迎娶了当朝翰林董镛的女儿。董镛也是杭州人，永乐二年（1404）中的进士，入翰林院做了文学官。

常言道：不是一家人，不进一家门。董镛也是个性格刚直、不喜欢趋炎附势的人。他因为直言时弊得罪了当朝权贵，被贬到济南府学做了个教授，后来又到山东某地做了知县。

就在于谦一行人路过兖州一带时，当地爆发了民乱。为首的唤作唐赛儿，打着民间白莲教的旗号，和官府对抗。知县姓许，许知县眼看着事态愈演愈烈，急得像热锅上的蚂蚁。

于谦见状，亲自赶到县衙，为许知县献上奇计。知县依计而行，没过多久就平息了民乱。

庆功宴上，当地文武官员依次环坐，如释重负地谈笑着。于谦作为平乱功臣，也被请来赴宴。大家看着这位年纪轻轻、尚没有功名的书生，感到很不可思议。

"此次平息乱贼，幸赖诸位尽心竭力。"许知县顿了顿道，"但依我看，若论这首功之人，当属廷益（于谦的字）。"说完看向一旁的于谦。

"许大人所言极是，此次若非廷益想出良策，我等恐怕不能这么快地平息动乱。"一位姓傅的把总附和道。这位把总在平乱中表现勇猛，深得赞誉，这一番话也引得众人频频点头。

"我提议，我们敬廷益一杯，聊表谢意！"许知县举起酒杯提议道。众人纷纷起立，向于谦敬酒。

于谦受宠若惊，连忙起身回敬。这时傅把总又道："诸位大人，我欲过几日上疏朝廷，奏报此番平乱始末。既如此，不如我们联名为廷益请上一功，诸位以为如何？"

于谦见众大人就要慷慨地应许，赶忙推辞："诸位大人的好意，于某心领了。为国家、百姓排忧解难，乃我辈之责。于某只是略尽微薄之力，不敢居功。"

众人见他辞意坚决，也不勉强。许知县道："廷益深明大义，令我等钦敬。你胸有大才，来日必定是国之栋梁！"

聚谈一番后，于谦便同众位大人辞别，继续赶路了。

申斥汉王

　　永乐十八年（1420）秋，二十二岁的于谦终于考中了举人，第二年又一鼓作气中了进士。这次科考，他还得到了主考官杨士奇和周述的青睐。

　　然而，充满锋芒的性格还是让他付出了代价。在殿试中的策问环节，他针砭时弊，本想一吐为快，却无意中触及朝中权贵脆弱的神经，结果只排在三甲第九十二名。

　　洪熙元年（1425），朱瞻基登位，是为明宣宗。宣宗是个励精图治、知人善任的皇帝，一直有心整顿吏治、发展经济。要有所作为，就需要提拔一批能力出众的人才。于谦此时二十八岁，在吏部做了几年监察工作，有廉明干练的名声。

　　一天，在朝上，有一位大臣的奏对铿锵有力，答问极有条理。他不由得心中欢喜，放眼望去，原来是一位相貌英伟的年轻官员，不过有些面生。于是问近侍："朝上奏对者何人？"

　　"回万岁爷的话。此人是钱塘于谦，永乐十九年殿试三甲出身，是洪武朝工部主事于文大的嫡孙。"

宣宗听后，微微颔首。他觉得于谦可堪大用，该找个机会锻炼锻炼他。

此后，每当于谦条陈奏议，宣宗就在一旁倾听，眼里满是赞赏之色。他时常想，国家有这样的臣子在，必能使朝纲整肃、吏治严明，令皇威浩荡，保社稷安定。

于谦没想到，他很快就在新朝得到了施展才华的机会。就在宣宗继位这一年的八月，宣宗的皇叔——汉王朱高煦起兵造反了。

事关重大，宣宗决定御驾亲征，于谦被选为扈从，一同前往。

朱高煦是明成祖朱棣的第二个儿子，他生得孔武有力，精于骑射，早年跟随父亲成祖皇帝南征北战，立下赫赫战功，被封为汉王。成祖皇帝对朱高煦很是喜爱，认为他跟自己最像。朱高煦也恃宠而骄，居功自傲，很不安分。成祖在位的时候，他就因觊觎太子之位而被囚禁，但仍不思悔改。几年后，父皇朱棣去世，皇兄朱高炽即位不满一年也病故了，朱高煦认为时机终于到来，决定效仿父亲当年的"靖难",将皇位从侄子朱瞻基手里夺过来。

朱高煦听说皇帝亲征,这才害怕起来,平叛大军很快包围了他的封地乐安城,城内人心动荡,朱高煦觉得情形不妙,便出城投降了。

朱高煦虽然表面臣服,内心却并不服软。对这样的人,必须有所惩戒。宣宗想找个人代表他去申斥朱高煦,这个人须有刚强威猛之气、金石铿锵之声,以起到震慑效果。他想来想去,觉得于谦最合适。

即便是投降被缚、沦为阶下囚,依旧无法令朱高煦悔悟。投降只是权宜之计,他还想寻找机会东山再起。

于谦并不理会这些。他身负皇命,代表天子威仪,任何乱臣贼子在他的面前,都将身败名裂、颜面扫地。

乐安城外,宣宗驾前,于谦如丰碑一般矗立。他脸若寒霜,目含锥芒,一言未发,肃杀之气已生。

朱高煦被缚,匍匐在地。平日里轻佻专横的

他，此刻却以头点地，喘出的粗气呵起了地上的灰尘。

"汉王殿下，你可知罪?!"于谦骤然发问，寒意逼人。

朱高煦低下了头，不敢动弹。

"你本是皇室宗亲，也随成祖皇帝南征北战，怎么不知忠君爱国、匡扶社稷的道理?

"你虽有战功，但太宗皇帝、仁宗皇帝一向待你不薄，不论赐爵封地，还是领取供俸，都远比他人优厚，朝廷可曾有负于你?

"你仗着太宗皇帝恩宠，竟然强留京师，不赴封地，又大发怨言，满腹牢骚。太宗皇帝本已不悦，幸亏先皇从中斡旋，才许你暂留京城。谁知你不思报效，反而僭越违制，挑拨离间，觊觎太子之位! 太宗皇帝明察秋毫，令你就藩，遣送你至此。你可曾悔过?

"先皇顾念手足之情，不忍苛责于你，继位后对你宠遇如初。谁知你阳奉阴违，暗藏反心。你就是这么报答先皇的吗?

"皇上初登大宝，勤政思治，又延续了先皇对你的恩遇，只盼你洗心革面，为国建功。谁知你假意逢迎，暗中勾结朝臣，伺机谋反！你如何对得起先皇与今上对你的宽容和信任！

"你恃宠而骄，不听君父之命，这是不孝；以怨报德，不念手足之情，这是不悌；不守人臣本分，这是不忠；不知文明礼数，这是无礼；专横残暴，这是不仁；反复无常，这是不义。不忠不孝、不仁不义、寡廉鲜耻，怎对得起你帝胄的身份？又有何面目面对先皇和列祖列宗？如今你虽主动投降，但大错已经铸成，就算粉身碎骨，也不足以偿还万一！"

……

于谦声色俱厉地数落着朱高煦的罪行，这些话犹如密集的刀子，雷霆万钧般刺向朱高煦的身体。朱高煦听得胆战心惊，他浑身颤抖，脸色惨白，豆大的汗珠纷纷从脸上滑落，掉进尘土里。不知是跪得太久，还是过于惊惧，他的双腿竟然哆嗦起来，快要支撑不住了。

等于谦申斥结束，朱高煦已经瘫伏在地，哭嚷道："臣知罪！臣罪该万死！或生或杀，听凭陛下

于谦声色俱厉地数落着朱高煦的罪行。

裁决！"

此刻惊慌认罪的朱高煦，与往日趾高气扬的情形实在无法同日而语。一旁倾听的宣宗看到皇叔这番模样，嘴角抹过一丝微笑，若有所思。皇叔服罪，是意料中的事，但他没想到的是，于谦竟然身藏雷霆之力，不辱使命。他很欣慰，觉得自己没有看错人。

宣宗班师回朝，大赏群臣，于谦得到了与其他重臣相同的赏赐，还被任命为监察御史。对于谦来说，这是机遇，也是莫大的鼓励，更坚定了他的理想和信念。

申斥朱高煦之后，于谦更加获得了宣宗的信任，他的才能也逐渐为同僚所认可。

当时，右都御史顾佐是都察院的长官之一，他行事公正廉明，为人刚正不阿，坊间将他与北宋的包拯相提并论。但顾佐这个人性格冷僻，对下属过于严苛。据说他到内廷办公喜欢独居一室，不和僚属交流，只有在议政商谈时才会冷着脸出来。因此群臣私下给他起了个外号叫"顾独坐"。

就是这么一位"不近人情"的长官，对于谦却很欣赏。顾佐听过于谦的事迹，认为于谦的才能在自己之上。他对在别人面前可能会不苟言笑，但见到于谦却变得谦逊宽和，做事还经常征求于谦的意见，显得很敬重。

于谦的禀性和才能，使他在御史任上如鱼得水。在顾佐的举荐下，于谦在宣德二年（1427）出任江西巡按，督查吏治。

刚一到任，于谦就遇到了疑难案件。当时的江西常有流民作乱，侵扰百姓和官府。一个当地老百姓被指认为贼人首领，关进了牢狱，但因为证据不足，一时无法定案。

于谦听说后，亲自前往审理。他调出案卷细细查阅，发现举报人与这名百姓素来有仇怨，这次告发是借机诬陷，并没有真凭实据。于是他澄清了冤情，释放了嫌犯，将诬告者治了罪。

事后于谦想，这个案件可能只是冰山一角，说不定还有其他冤假错案。于是他一鼓作气查清了多起案件，前后被雪冤释放的百姓达数百人。

江西百姓听说来了一位铁面无私、为民请命的巡按大人，纷纷歌颂他的事迹，将他奉为神明。

常言道："强龙不压地头蛇。"地方豪强势力向来是朝廷治理的难题，于谦整肃时发现，当地的王府官属专横跋扈，每每在市集上压低物价，强买强卖，商贾怨声载道，无处申诉。于是于谦亲自探访，掌握了大量证据，将这些人依律惩处，此后再也没有发生过类似事件。

大刀阔斧整顿一番后，于谦陷入了沉思：为什么江西会有这么多的流民，果真是民性难驯吗？那么多冤案错案发生，那么多豪强富户欺压百姓，官府却视若无睹，长此以往，民心能安稳吗？要想长治久安，首先要得民心，要保障老百姓的生活。

于是在巡按江西的几年里，于谦凡事皆以百姓为重，不仅平反冤案、惩治豪强，还将诸多对百姓不便利的政令革除殆尽，很快就获得了拥戴，被百姓呼为"青天"。一些府县的名宦祠堂为他建了"生祠"，虔诚供奉。数年后，于谦回京复命时，江西的吏治整顿已经颇有成效了。

喝退盗匪

在江西的任职结束后，于谦曾经长期担任河南、山西两地的巡抚。他常常往来于两地之间，有时公务紧迫，不得不连夜赶路。

从河南到山西，须沿着太行山，一路向北。一次，于谦因事赶往山西官署，至太行山时天色已晚。一行人穿行于山路间，听得鹗叫虫鸣，夜风瑟瑟，顿觉不寒而栗。随从们长途劳顿，人困马乏，显得无精打采。

于谦却不敢大意，传闻眼前所经之地常有盗贼聚集，专做剪径劫财、杀人放火的事。自己有公务在身，又是夜行，须得十分小心。因此尽管夜色弥漫，他却屏息凝神，双目如炬。

忽然，道旁枝杈上栖息的鸟雀被什么东西惊到，呼啦啦飞了起来。残叶枯屑纷纷掉落，着实吓了他们一跳。

于谦感到不妙，林中鸟忽然飞起，必是有人惊扰，看来今晚要有麻烦了。于是他命令随从们注意防范，快速离开这个地方。

可是已经来不及了。群鸟惊散处闪出一队人马，手拿兵器，横在于谦一行人的面前，叫嚣着要劫财。夜色中看不清对方的模样，隐约都是些粗犷狰狞的人。

几个随从见状，拔出兵刃，紧靠在于谦车驾跟前，显得十分紧张。

于谦镇定自若，瞪着眼前这群盗匪，厉声喝道："你们是做什么的？如此大胆，竟敢拦我？！"

这声暴喝十分响亮，回荡在山林间久久不绝。于谦有意震慑盗匪，故意放开了嗓门。

盗匪看到于谦的反应，着实有些意外。以往拦路遇到的人，无不吓得惊慌失措、跪地求饶，今天这位也不知是什么来历，看着竟不好惹。

于谦从容不迫，冷冷地盯着群盗，等他们回应。

为首的一名盗匪细细地打量着于谦，见对方是官员模样，品阶似乎还不低，心里有些犹豫。他们虽然落草为寇，但求的不过是钱财，平时习惯了见风使舵，不想铤而走险。于是拱手道："我等不过是生计艰难，来讨几个茶酒钱。若肯留下银钱，我等自不会伤害你们分毫；如若冥顽不灵，便休怪我们不留情面了。不过，有道是刀下不斩无名之辈，敢问这位官爷是何方神圣？"

"说出来也无妨。我乃兵部侍郎于谦，途经此地，不料竟然遇到剪径之人。你们做出这等伤天害理之事，就不怕被依律治罪吗？"于谦凛然道。

"于……于谦？敢问，可是巡抚河南、山西的于大人？"为首的贼人吃了一惊。

"正是于某！"

"原来是于大人，真是误会！久闻于大人在河南为民请命，多有善政，实是百姓之福。我等落草，也是迫于生计的无奈之举，但从来不劫爱民的好官。常言道'不打不相识'，这次是我等冒犯了尊驾，在这里赔个不是。于大人请放心赶路，我等告辞了！山高路远，后会无期！"

说罢，打了一个呼哨，率领着群盗绝尘而去，片刻消失在树林深处。

看着盗匪们远去的背影，于谦终于松了一口气，他心想，世间居然还有这样的"义盗"，也是奇闻一件。又思索着刚才匪首的话，心有感悟：人非生而为盗，不过是各有各的难处。天下盗匪事件频发，绝对不是简单的武力镇压所能根除的，还是要靠改善民生的政策。他思索着，催促着随从们继续上路了。

仕途波折

英宗即位

宣德十年（1435）正月初三，紫禁城忽然哀钟长鸣。

宣宗朱瞻基驾崩了。

他只活了三十六岁，甚至没有他体弱多病的父亲朱高炽活得长。八岁的皇长子朱祁镇继承了皇位，是为英宗。

宣宗弥留之际，很挂心年幼的朱祁镇，嘱托皇太后、皇后和诸位大臣共同辅佐他。他希望太子继续发扬勤政爱民的作风，叮嘱他要安抚好军民，不要随意更改国策。少不更事的英宗在病榻前涕泗滂沱，却对父皇嘱托的事情一知半解。

听到宣宗驾崩的消息时，于谦正在河南、山西两地奔波，想到宣宗对自己的知遇之恩，不禁悲从中来。他已经在兵部右侍郎任上工作了多年，正是宣宗当初的知遇之恩，激励着他义无反顾地投身到巡抚工作中去。这些年来，他在地方上兴利除弊，赈灾救民，得到了民间的不少好评，也多次被宣宗嘉奖。

不过听到宣宗遗诏时，于谦不禁转悲为欣。

"朕继承祖宗大位以来，无时无刻不小心谨慎，如今已经十一年了。回顾这一生，自认为还称不上是圣主，心中常常愧疚。……我的长子，太子朱祁镇，天性纯厚，可以继承皇帝之位，还请诸位文武大臣同心协力辅佐他。务必以安养军民为本，不要自作聪明，乱了祖制。"

"宣宗圣明。"于谦心道。这些年来，他努力为朝廷的吏治清明、民安物阜而竭忠尽智，因此看到遗诏中宣宗同样的良苦用心时，顿感欣慰。

时光如白驹过隙，不知不觉间，于谦担任兵部右侍郎已满九年，因表现突出，升任兵部左侍郎。

这天，他正在兵部直房里阅读奏疏批文，几天前的奏疏条陈，今天就批下来了。他巡抚地方以来，主理朝政的"三杨"（杨士奇、杨荣、杨溥）很看重他改善民生的建议，总能最快批复给他。

"朝廷还是爱民啊。"他心道。想到宣宗的遗诏，他对英宗充满了期待。

这次回京复命，尽管年已不惑，但他依旧精神饱满。九年多的实绩摆在那里，着实有些硬气，这也给了他很多自信。前些日子，一位回京述职的同僚劝他多"走动走动"，毕竟好不容易回来一次，应该和朝中大臣们多亲近一下。但于谦想都没想就回绝了。好不容易回部里一趟，还有很多事务需要处理，哪里有那些闲工夫？

昨天上朝商谈要事，同行的同僚见他两手空空，不解地问道："于大人，礼尚往来乃人之常情。这次回京议事，不免要与朝中贵人交接。您不准备安排些土特产，去应酬一下吗？"

于谦听完一笑，举起两个袖子说："我哪里来的土特产？您看我这里边有什么东西吗？不过是两袖子清风罢了！哈哈……"

于谦举起两个袖子说："我这里面不过是两袖清风罢了。"

当时，河南一带百姓传诵着不少于谦的诗歌，其中有一首就是这么写的："手帕蘑菇与线香，本资民用反为殃。清风两袖朝天去，免得闾阎话短长。"

王振专权

英宗渐渐长大了。正统七年（1442），十五岁的英宗终于亲政。看着日渐老去的皇祖母和须发皆白的顾命大臣，他知道自己肩上的担子很重。每年祭祀先祖时，这个少年人总会心潮澎湃，他渴望追随先祖的脚步，建立属于自己的时代。

紫禁城文华殿，英宗在众人簇拥下缓缓走出。

"想当初朕在这里读书习文，先皇常来探察督促。时过境迁，物是人非，令人心生感慨！先生当年伴朕读书，可还记得？"

"回陛下的话，老奴自然记得。"一位身着蟒纹官袍的宦官答道，"陛下如今继承大统，风姿不减先皇分毫。"

"先生此言，令朕惶恐啊。"英宗说着朝乾清宫走去。那名宦官紧随其后，不时与英宗谈笑，看着十分亲近。

这名宦官便是王振，他自英宗幼时便陪侍在侧，如今恩遇正盛，封了司礼监大太监，权倾朝野。

王振本是山西蔚州（今河北蔚县）人，明成祖在位时就净身入了宫。此人聪明灵巧，为人极善逢迎，很快得到成祖皇帝的喜爱，被派去侍奉当时还是太子的仁宗朱高炽。王振年纪虽轻，但办事周到，小心谨慎，仁宗十分信赖他，将他视作心腹。宣宗朱瞻基即位后，王振继续受宠，皇帝出巡，甚至委任他提督京城事务。没过多久，宣宗又封他做了东宫内侍"局郎"，专门督促太子朱祁镇读书。

"虽然太祖皇帝严令内臣不得干预政事，但王振此人不同，为人本分，办事周全，深明大义，尽心竭力。既有这样的人才，不可因旧制埋没了他，就让他去太子身边做个伴读吧。"这是宣宗曾对近侍说起的话。

英宗刚做皇帝时，有一次与近臣玩击球游戏，正玩得兴浓，王振来了。英宗赶忙赶走了侍臣，满脸歉意地来见王振。

王振见四下无人，扑通一声跪倒："陛下啊，先皇就因为喜爱击球，险些误了国家大事，如今陛下也沉迷这个，还顾得上江山社稷吗？"

英宗很惭愧。眼前的王振，就像严师一般，总会在自己懈怠的时候出现。一直以来，英宗对他既畏惧又尊敬。

王振劝谏皇帝的事，很快就传到朝堂，引得朝臣一片称赞。当朝重臣"三杨"也很赞赏他，还点名表扬了他。能得到重臣的嘉奖，王振喜不自胜，平时越发勤勤恳恳，尽职尽责。等到英宗亲政，王振也顺理成章成了皇帝身边的红人。

正统十一年（1446），辅政重臣"三杨"中的最后一位——内阁首辅杨溥离世，国家如失砥柱。此时的王振已贵为内臣之首，权倾朝野，不断干政专权。明太祖朱元璋最担忧的宦官干政现象，终于还是上演了。

飞来横祸

杨溥离世这一年，于谦年近五十，担任兵部侍郎也有十六年之久了。他觉得自己"霸占"侍郎的位置太久，此时到了知天命的年纪，身体难以胜任长年在外任职的工作，也希望给别人一些机会。于是，有一次入朝议事，于谦便向英宗举荐了孙原贞和王来两位参政官，自己离任还朝了。

于谦本来就树敌颇多，这次不太合规的举荐自代很快就惹来了非议。尤其是，他无意间得罪了那个最有权势的人——王振。

这是怎么回事呢？

王振独揽大权后，引起了朝野上下的不满，尤其是那些负责整肃纲纪的言官们，隔三差五地上书弹劾，陈述利害，提醒英宗防范。

然而英宗和王振的关系，岂是几句"挑拨"所能破坏的。英宗依然对王振言听计从，对御史们的谏言置若罔闻。

言官们不但没有达到目的，反而惹怒了王振。这些喧哗的御史中间，有一位表现过于积极，引起了王振的注意。

巧合的是，这位御史的名字，叫起来和于谦的名字很像。

王振对于谦早有耳闻，早在于谦申斥朱高煦的时候，他便留心观察了。那时王振对于谦还抱有钦敬之情，可是"此一时，彼一时"，如今自己贵为司礼监掌事太监，任凭多厉害的角色，只要得罪了自己，照治不误。更何况他早就听闻，于谦这个人刚愎自用，不近人情，居然看不起高官显贵。细想之下，自己把持朝政以来，这个于谦不但没有前来示好，甚至也没给过自己好脸色。如此不识时务之人，也该治他一治！

于是，王振传唤来了通政使李锡，秘密交谈，面授机宜。

李锡这个人比于谦年长，成名也早，但却是个势利之徒。等到第二天上朝，李锡便参了于谦一本，弹劾的就是于谦擅自荐人自代这件事。他在奏疏里写道，于谦举荐别人替代自己，并不是高风亮节，也不是年老体衰，难以胜任，而是因为太久没有得到晋升，心有怨言，所以消极对抗。这种待价而沽、擅离职守的行为，决不可姑息！而且，官员任免应该听凭朝廷安排，于谦如此擅作主张，是何居心？应该从严治罪！

于谦对这突如其来的问罪一头雾水。他反复地想，自己擅自回朝虽然欠妥，但不至于蒙受这样的诽谤，这中间到底出了什么问题？

王振这边又撺掇着英宗，给于谦下了一道处分决定："于谦以私怨擅离职守，罔顾君命，其心不忠，今交付有司论罪，以儆效尤！"

就这样，于谦莫名其妙被关进了都察院的大牢。

大理寺卿王文看不过去，也上了一道奏疏，建议对此事从轻处理，判处于谦贬官并交付赎金，以便早日恢复工作。他知道于谦很能干，这个时候应该帮他一把。

可是六科给事中等大臣认为，于谦为臣不忠，单纯贬官并交付罚金，并不能抵消他的罪行。于是变本加厉，不但要治于谦的罪，还把替于谦说好话的人弹劾下狱了。

转眼间，于谦被困狱中已有数月，迟迟看不到被解救的希望。

就在这时，事情迎来了转机。说来很荒唐，这个转机还是始作俑者——王振带来的。

一场误会

王振把持朝政后，排除异己，安插心腹，格外留心百官动向。有一天，他专门查看官员名册，尤其特别留心都察院那些不安分的御史。看着看着，王振眉头一皱，接着一脸惊愕，把名册扔在案上，双手一拍大腿道："错了，错了！"

服侍的人听到惊呼，急忙前来问询。王振稍作镇定，摆手示意没事，让侍从退了出去。

原来，王振发现自己犯了个错误。之前他一直认为，得罪自己的那名御史就是如今狱中的于谦。可刚才一看，那名御史另有其人，只是名字和于谦太像了，导致自己把他们当成了一个人。

原来自己一直怪错了人！

王振挠了挠头，露出一丝苦笑。转念一想，错已发生，他岂有收回成命的道理？不如就按之前大臣们的建议，从轻处理，轻轻掩过去吧。反正于谦也不是自己人，更不知内情。

于是，于谦又稀里糊涂地得到了宽恕，不过被贬为大理寺左少卿。

事情还没有完。

于谦下狱之前，除担任兵部左侍郎外，还兼任山西和河南两地的巡抚。因为治理有功，执法严明，为老百姓做了不少善事，很受百姓爱戴。于谦下狱时，当地的百姓反响很大，一直试图去营救他。听说于谦被贬官，不再做巡抚，两地的基层官员和百姓不干了，他们言辞恳切地上书英宗，希望能留下于谦，前后请愿的有成百上千人，就连两地的藩王也极力挽留。看到此情此景，也许是考虑到两地流民和灾荒问题需要人处理，也许是对之前"莫须有"的罪名略带愧疚，英宗最后顺应民意，再次任命于谦做了巡抚。

经历这一番曲折后，于谦没有再与王振集团发生什么冲突，继续得到朝廷重用。正统十二年（1447），于谦恢复了兵部右侍郎的职务，留在兵部处理公务。当时他的父母相继去世，为表示抚恤，英宗特意允许他回浙江奔丧，还先后两次派遣行人汪琰到杭州赐祭，并且协助治丧。

古时候，父母去世，按照礼制，子女须守丧三年。虽然于谦恳求守丧期满后再恢复职务，却没有得到允许。这也能从侧面看出朝廷对他的倚重。

从宣德五年（1430）到正统十三年（1448），于谦在兵部侍郎的任上工作了将近二十年。而与王振的这次误会，只是于谦政治生涯中的一个小小插曲。接下来等待他的，将是来自明朝外部的波诡云谲与来自内部的惊涛骇浪，他被捧上了英雄的神坛，最终也被推到了命运的崖底。

力挽狂澜

土木之变

就在于谦官复原职的第二年，明朝的"天"塌了。

正统十四年（1449）秋天，明朝北边的游牧政权瓦剌撕掉了和平的面纱，大举南侵。他们先是进犯大同，明朝参将吴浩战死。消息传到京城，英宗和朝臣们十分震惊，紧急商议对策。

在此之前，瓦剌早已表现出挑衅的态度。他们的首领也先派遣两千人来明朝进贡，却谎报来了三千人，来诈取更多的赏赐。明朝没有满足这一无理要求，也先非常不满，不断寻衅生事。

明朝君臣认为，我大明乃堂堂天朝上国，岂有向北方蛮夷妥协的道理？于是任其挑衅，不以为然。

也先不同于一般的游牧部族首领，很有野心和抱负。本来明朝赏赐的东西颇为丰厚，但也先贪得无厌，反复索要，试图得到更多的利益，这才引起了明朝的反感，屡屡对瓦剌实施禁令。可也先不但不收敛，反而不断制造事端，最终导致兵戎相见。

英宗二十出头，意气正盛，心想：瓦剌不但不回报赏赐之恩，竟敢侵我大明江山，绝不可容忍！同样愤愤不平的还有大太监王振，他自专权以来，颇以国家栋梁自居，瓦剌大兵压境，他表现得义愤填膺。王振的态度，鼓舞着英宗的主战情绪。

没过多久，英宗便下达了旨意："朕要御驾亲征！"

英宗的一腔豪情，吓坏了文武大臣。于谦赶忙找到兵部尚书邝埜（yě），一起上疏，恳求皇帝收回成命："也先不过是一个跳梁小丑，我大明边疆将士足以将其制伏。陛下乃一国之主，怎能以身犯险？"

可英宗此时只愿意听王振的意见，哪里还能听进去别人的话？他对朝臣的劝阻不以为然，觉得太祖、成祖皆以武功得天下，此番北伐，正可承继皇祖荣光，成就一番功业。

英宗盲目自信，王振也没有自知之明，于谦等人虽然忧国忧民，深谋远虑，却白费了一番努力。

不仅如此，于谦的劝谏还给自己带来了负面影响——他不久便收到皇命，自己须留在京城督理兵部事务，而此前一同进谏的邝埜，则被要求随军出征。

不久，英宗御驾亲征，王振陪侍左右，一众文武大臣随同，二十万大军浩浩荡荡，向西北方向挺进。

事情的发展比于谦担心的更加糟糕。英宗统领的军队出征不足一个月，便在土木堡（今河北张家口怀来东）遭遇瓦剌大军。双方交战，明军大败，英宗被俘，王振被杀，兵部尚书邝埜、户部尚书王佐等大臣殉国，二十多万精兵丧失殆尽。消息传到京城，朝野大震。于谦听到噩耗，不禁大吃一惊，心神久久不能平静。

皇帝被俘，国家没有了主人，明朝的军事力量也被严重削弱。建国八十余年的明王朝，遇到了前所未有的严峻考验。

郕王监国

国家突遭变故，这天的朝堂上，一片肃静。

英宗的母亲孙太后亲自摄朝，众臣廷议。

于谦在朝班中一脸凝重，思考着要禀奏些什么。这时，孙太后抽噎着开口了："御驾蒙尘，天下锥心。诸卿皆是栋梁之臣，不知可有抗敌安邦的良策？"

阶下响起一阵骚动，大臣们交头接耳，议论纷纷。于谦环视四周，见群僚或低头不语，或摇头叹气，却无人敢出班禀奏。

英宗是一国之君，也是太后的爱子。对天下人来说，英宗被俘，有如国失砥柱，对太后来说，更是国仇家恨的双重打击。然而此时此刻、孙太后必须平复自己的心绪，设法稳定大局。

她稳了稳心神，正色道："天子身陷敌营，国家无主。皇太子年幼，不能监国。郕（chéng）王恭俭仁孝，宽和敏达，今特命其行使监国摄政的责任，与诸位大臣共商战守之策。望诸位勠力同心，共克时艰。"

众臣并没有别的办法，只能听从。

郕王朱祁钰是英宗的异母兄弟，英宗即位时被封为郕王，英宗出征时命他留守京城。目前的形势下，郕王是主持大局的最好人选。在孙太后的安排下，郕王开始监国，与百官讨论战守事宜。

可郕王对眼前的局面完全没有心理准备，面对复杂的情况，他的心里难免有一些慌乱。

这天，郕王在朝堂议事，群臣纷纷指责王振误国，要求追究王振余党的责任。平时依附王振的大臣则大声抗议，双方各持己见，互不相让。

王振的亲信，锦衣卫指挥使马顺居然站了出来，大声呵斥指责王振的大臣。群臣被激怒了，一拥而上，和马顺撕打起来。马顺居然被愤怒的大臣们当场打死。王振平时宠幸的两个内侍，也被朝臣们揪了出来，朝堂上乱成一团。

郕王看到这个情形，有些害怕，好几次想站起来退朝。他觉得自己没有足够的威望和基础，控制不了朝局，驾驭不了这些大臣。

于谦暗中观察了郕王很久，眼见郕王要退缩，他顾不上君臣礼仪，快步上前一把拉住。

于谦劝阻道："殿下稍安勿躁，万万不可退朝！如今之计，唯有安抚众臣，再做别的决定。臣恳请殿下降旨，准许臣为殿下分忧。"

于谦的话给了郕王很大的鼓励，他看着眼前这位身材魁梧、声音洪亮的兵部侍郎，点头答应了。

于是于谦走向群臣，厉声道："殿下有旨！诸位请肃静，不要鼓噪！如此狼狈无礼，成何体统！"

扭作一团的大臣们闻声停了下来，看于谦有什么话说。

于谦道："王振误国，致使天子蒙尘，此罪百死莫赎。如今王振虽死，余党尚存，不杀不足以平愤。今殿下命处以瓜刑，立即执行。"

听到命令，守卫将军捧出铜瓜，将两个内侍当场击毙。众人向来知道于谦威严，现在见他站出来执法，便逐渐安静了下来。

于谦又道："传郕王殿下旨意：诸位大臣稍安！王振罪孽深重，本就应该株连九族。诸位的义愤，是出于一番忠君爱国之心。但此事须启禀太后方可施行，不然，诸位与市井无赖、野蛮小子何异？我朝法度与礼仪又何在？"

众臣见他说得有理，都频频点头。

见众臣的情绪有所缓解，于谦继续道："至于马顺，论罪理当处死，殿下念诸位有一腔忠君报国之情，此前的种种无礼举动，皆不忍责罚。但是，若再有败坏朝仪法度的举动，决不轻饶！"

这一番话如暴风骤雨一般，将冲动的大臣们一下子浇醒了。他们这才醒悟过来，刚才做了多么荒唐的一件事。惊魂甫定的郕王看到躁动的朝堂安定下来，心中的石头总算落了地。

其实能不能控制局面，于谦自己也没有把握，只是箭在弦上，不得不发，自己实在也顾不了太多。

朝议一直持续到午后才结束，散朝后，于谦走出掖门，远远看到吏部尚书王直走上前来。

王直是三朝老臣了，年逾七旬，为人诚笃，最受钦敬。此时他拉着于谦的手，感慨地说道："今天的事发生得太过突然，幸亏有你在场，才能妥善解决。不然的话，就算有一百个王直，又有什么用呢！"

"王大人言重了，于谦愧不敢当！"

王直颤颤巍巍，拱手作别。

看着王直蹒跚远去的背影，思索着他刚才讲的话，于谦不觉一怔。等回过神来，忽然感觉一股凉风钻进衣袖，低头一看才发现，袍袖早就在朝议争执时被撕裂了。

决意主战

于谦助郕王安定朝局，让满朝文武对他刮目相看。大臣们以前并未过多注意于谦，对他的印象主要停留在那些频繁的奏疏，和那不与人亲近的性格上。现在他们有理由相信，这个魁梧冷峻的侍郎的身体里蕴藏着巨大的能量。眼下国家正处在危亡之际，这样一个人，抵得上十万大军。因此，朝议时，大家都格外倚重于谦。

然而形势不容乐观。明朝的精锐军队在土木堡一役中损失殆尽，京师留存的兵力不足十万，且多为老弱，无力野战，只能固守。因为军力孱弱，担心无力对抗瓦剌，城里人心惶惶。有的大臣担忧惊惧，朝议时甚至聚在一起痛哭。还有些人动了逃跑的念头，提议朝廷南迁，躲避兵锋。

一听说有人避战，主战的大臣们怒不可遏。七十多岁的老臣胡濙（yíng）气得须发颤抖，怒斥避战的大臣："你们是大明重臣，难道忘了先皇的遗训？太宗皇帝将皇陵建在此地，就是告诉子孙，朝廷再也不会离开这里！你们这么快就忘本了吗？"

朝堂之上，暗流涌动。很多大臣们各怀心思。

有个叫徐珵（chéng）的人，当时是翰林院的侍讲官，极力倡议南迁。

徐珵是苏州吴县人，学问不错，号称精通术数，擅长卜测吉凶。他还是后来位列"吴中四才子"之一的书法家祝允明的外祖父。朝堂上，徐珵称自己夜观天象，看到紫微星位有变，预测到国家将有不祥，提议南迁避祸。

明朝与瓦剌的大战就在眼前，瓦剌大军很快将逼近北京城。战局如此紧张，徐珵却在鼓吹灵异，胡言乱语，无疑会动摇军心。

于谦对此深恶痛绝，厉声呵斥："你们这些提议南迁的人，可以判处斩立决！京师是天下的根本、社稷的中心，一旦迁动，则大势将去！你们忘了宋朝南渡之事了吗？宋朝国祚因此一蹶不振，皇室宗亲更是惨遭凌辱。你们想要重演历史吗？"

这一番话直入人心，让想要南逃的大臣们哑口无言。主战的大臣听完倍感欢欣鼓舞，大学士陈循等人争相表示附议。

郕王见于谦一身铮铮铁骨，堪称中流砥柱，越发信任和倚重他。就这样，保卫京师的计划定了下来。于谦调动了京师以外的备操、备倭和运粮的军队，分别部署，缓解了京城兵力不足的燃眉之急，安定了京师的人心。

太后听说了于谦的作为，认为他有能力力挽狂澜，应该重用，考虑到前兵部尚书邝埜在土木一役中殉职，便决定任命于谦为兵部尚书，统领内外军务。

于谦收到任命，有些惶恐。一来，自己之前

于谦厉声呵斥："提议南迁的人，可以判处斩立决！"

的所作所为，并非为了获得更高的职位，如今得到重用，心中有愧；二来，前任尚书邝埜很有才干，自己不一定比得上他，兵部这样的担子，自己未必能够担得起来。于是他坚决向太后请辞。太后觉得，眼下局势危急，于谦之外，没有人更适合担当这个重任，便不顾他的辞谢，决意授任。就这样，于谦在危亡之际接过了重担，他的命运与国家的命运连在了一起。

刚上任的于谦并没有升职的兴奋，反而感觉压力重重。他需要整顿京城的军队，选用合格的将领，准备应对瓦剌的大举进攻。同时，还需要安抚军心和民心，让京城的秩序稳定下来。大败之后，要做好这些工作，改变目前的被动局面，并不是容易的事。

景帝登位

英宗身陷敌营的时间越长，朝野上下的心就悬得越高。终于，瓦剌大军挟持着英宗长驱南下，逼近京师。大臣们都知道，瓦剌大军有英宗在手，一定会要挟明朝，以满足他们贪婪的要求。国家一日无主，这种威胁就一天无法消除。无奈之下，于谦等大臣想到了那个不到万不得已不能选择的办法——放弃英宗，另立国主！

只有这样，才能断绝瓦剌的贪婪念头，稳定大明军心。而这么做，于谦等人需要承受多么大的现实压力与道德负担，是可想而知的。

孙太后为了国家社稷挺身而出，已经做了能做的一切，此时，面对于谦等大臣的提议，她再次陷入了沉思。她知道，国主一旦改易，皇室的权力关系也要重新调整。如果被俘的英宗得知她做了这个决定，又会怎样悲伤绝望？他会因此失去利用价值，更会有性命之忧。作为英宗的亲生母亲，要她做出这样的决定，谈何容易。

太监李永昌见状，含泪进言，苦劝太后不要重蹈北宋靖康之耻的覆辙。他的声音哀婉，连太后也为之落泪。经过反复思考，为了国家大局，孙太后终于同意了于谦等人的提议。

郕王听到这一决定却吓坏了，再三表示拒绝。他很清楚，染指皇位是多么可怕的事，更何况还是

"趁人之危"。于谦等人言辞恳切地劝道："殿下，国家不可一日无主，目前的情况，除了殿下，无人能够主持大局。还请殿下领受太后懿旨，承继大统。"郕王见太后与诸位大臣计议已定，只能听从安排。

这一年的九月，郕王朱祁钰登位，是为景帝。为了表示自己是为了国家大局，并非有心夺位，景帝仍旧立英宗的儿子朱见深为皇太子，以表明自己的态度。

此时，瓦剌大军依旧挟持着英宗，视为奇货，借此来要挟大明。英宗一手酿成了劫难，如今也为自己的错误付出了代价。这一个月来，他可谓备尝艰辛——臣民被屠戮，亲信被杀害，自己也做了俘虏，尝尽了羞辱。眼下这个局面，只有盼朝廷前来赎救。可是，瓦剌会提出什么条件呢？朝廷会满足他们的要求吗？如果瓦剌无法得偿所愿，他又该如何自处？

英宗怎么也不会想到，此刻明朝新皇已经登基，自己反倒成了枚可有可无的棋子。

运筹帷幄

朝堂之上，改天换日。景帝朱祁钰端坐龙位，稍显局促地注视着百官。

大臣们虽然还有些心神不定，但比起前几天的躁乱，朝堂上的秩序严整了许多。在于谦、王直、胡濙等人的努力安抚下，朝局重获安定，大臣们开始紧张地讨论即将到来的京师保卫战。

"诸卿还是议一议与瓦剌作战的事吧。"景帝道。

于谦走上前来，奏报方略："如今敌寇也先无道，犯我边疆，羁留圣驾，接下来想必会引骄胜之师，挟持圣驾长驱南下，我朝不可不为之准备。臣恳请整顿军备，调兵遣将，全力遏制敌寇。

"先前圣驾出征，京师各营精锐将士及军资器械损失殆尽，为今之计，需各司道招募军士，命工部修缮器甲，以备战时之需。

"京城的安防，以九门最为紧要。臣恳请派遣都督孙镗、卫颖、张轼（yuè）、张仪、雷通分兵扼守九门，派遣都御史杨善、给事中王竑分头巡视。

"九门外的百姓，应该迁徙到城内，妥善安置，以防被贼寇掳掠。

"通州粮草积存丰厚，但运送困难。可以让官军量力自取，但不可随意丢弃，以防被敌军得去。"

众臣听了于谦统筹布局的规划，无不啧啧称赞。

于谦继续奏道："如今是用人之际，像轩輗（ní）这样的文臣，深谙平寇与督粮之法，应该任命为巡抚。石亨、杨洪和柳溥这样的武将，智勇出众，应该任命为将帅。石亨与杨洪因为犯事被羁留，但事急从权，还请陛下赦免他们。至于行军布阵、运筹帷幄的事，臣愿意亲自担任，如果不能成功，请治臣的罪！"

于谦在朝堂上慷慨陈词，以至于禀奏完毕后，身体激动得无法自持。景帝听完他的筹划，非常满意，采纳了他的全部意见。

对于谦来说，此刻他才真正走上人生的巅峰，在未来的七八年内，他始终坚守着自己的信念和原则，在权力的漩涡中强行挺立着，直到逐渐被漩涡吞没。

保卫京师

京师被围

"急报！急报！快开城门！"一位提塘武官手持塘报，飞速驰入京师。

景帝即位一个月后，正统十四年（1449）十月，瓦剌见明朝迟迟不肯示弱，终于决定采取行动。也先挟持着英宗，率领大军攻破紫荆关，直逼京师。

给瓦剌军队带路的是个太监，名叫喜宁。喜宁本来是明朝的内侍，他跟随英宗亲征，土木之变惨败后被俘，做了降臣。瓦剌久居北境，对明朝缺乏更多的了解，需要喜宁这样的人帮助他们获取情报。

北京城内，气氛肃杀，到处能看到身着戎装的士兵。已是初冬，北风时起，落叶纷飞，紧张的局势，加上肃杀的天气，着实令人寒意倍增。

朝堂上，景帝和于谦等大臣仍在谋划布局。几天前，由于在安定朝局、处理军务方面表现出色，于谦被景帝钦命提督各营兵马，成为实际上的军事指挥者。满朝文武对此无不心悦诚服。

于谦重任在肩，虽然倍感压力，但仍然有条不紊地统筹着各项防务。他知道瓦剌早晚会挟持英宗来犯，所以做好了背水一战的准备。因此，在收到瓦剌进犯京师的塘报时，他并没有惊慌失措。

其他人却不见得这样。刚刚被于谦保举做了将军的石亨，对于来势汹汹的瓦剌有些惧怕，他上奏景帝："陛下，贼寇有备而来，且挟持大驾，必会贪得无厌，得寸进尺。为今之计，不如以逸待劳，坚守不战。久而久之，贼寇的士气必定衰退，到时候便可一举破敌。"

景帝听了，一言不发，缓缓看向一旁的于谦，想听听他的意见。

于谦预料到会有人怯战，却没想到第一个退缩的，会是自己举荐的石亨，于是正色道："若是寻常战时，依照兵法说的'坚壁清野''以逸待劳'来部署，自然没什么问题。如今我军新遭大败，朝野人心不稳，倘若此时避战不出，势必会被敌寇轻视，影响我军士气。臣以为，不可对敌军示弱。"

石亨闻言退回朝班，不再作声。他想：此刻有这般想法的，又何止我一人？

于谦当然知道，自从土木之祸后，京师兵力大减，全凭各地调兵勤王，才形成了今天的防务。想在战场上取得主动，谈何容易。

景帝问于谦："依卿所言，该当如何呢？"

"回陛下。臣以为，为今之计，应派遣诸位将士列阵于京城九门外，以震慑贼寇。令都督陶瑾驻守安定门，广宁伯刘安驻守东直门，武进伯朱瑛驻守朝阳门，都督刘聚驻守西直门，镇远侯顾兴祖驻守阜成门，都指挥李端驻守正阳门，都督刘得新驻守崇文门，都指挥汤节驻守宣武门。严阵以待，贼兵必然不敢轻视。"于谦有条不紊地说道，"臣与石亨亲自率领副总兵范广、武兴等人，陈兵于德胜门外，抵挡也先贼寇。臣先前已有筹划，一旦亲赴前线，兵部事务将交与侍郎吴宁统理。诸位大臣和将领内外协作，各尽其职，击退敌兵，指日可待。"

虽然敌情危急，但于谦镇定自若，排兵布阵一丝不乱。景帝和众臣看到他胸有成竹的样子，内心稍稍安定。

话说也先一路高歌猛进，很快便逼近北京城。他心想，有英宗在手，明朝必定投鼠忌器，北京城早晚是囊中之物。可兵临城下时，也先却大吃一惊：明朝京城的官军将士军容整齐，并没有出现慌乱的情形。这让也先有些失望。若按常理推断，皇帝被俘虏，国家肯定方寸大乱，甚至会放弃抵抗，举国投降，怎么可能这样从容不迫？

也先越想越不明白，信心减了大半。他唤来了喜宁，耳语片刻。喜宁心领神会，前去准备了。

也先这一计，是"先礼后兵"。他授意喜宁去接洽明朝的大臣，企图唆使大臣们迎回英宗；同时，作为交换条件，要向明朝索要大量金银布帛。

其实，也先并非真心送还英宗，而是利用英宗来敲诈勒索。他和明朝打交道多年，对明朝的形势有很深的了解。这次来犯，他巧妙利用了明朝臣民的特别心态——若不迎回英宗，明朝群臣宣扬的忠君爱国就成了一纸空言，难免会令天下人心灰意冷。可如果迎回英宗，则正中下怀，他就可以狮子大开口，索要一笔丰厚的赎金。再者，景帝登位已成事实，若迎回英宗，大明将会面临一国兼容二君的局面，明帝国好不容易稳定下来的局势，恐怕又会付之东流，自己正好可以借机行事。

也先打着自己的得意算盘，觉得无论如何都不会空手而归。可是，他低估了明朝主战的决心，也小看了明朝从惨败中调整恢复的能力，更想不到的是，大明朝廷里居然有于谦这样"扶大厦之将倾"的人物。

因此，当喜宁又一次邀请吏部尚书王直、礼部尚书胡濙前去商议的时候，景帝一口回绝："也先倒行逆施，欺我大明在先，今又以圣驾要挟，贪得无厌，瓦剌的野心，路人皆知！如今兵临城下，难道是想签订'城下之盟'吗？依朕看，不过是借议和之名，行勒索之事罢了。若还念及友邦的情谊，就速速放归大驾。除此之外，不要再多说了！"

景帝这番表态，也是与于谦等人商议的决定。自从景帝登位，决定守土抗战那一天起，于谦就想到会有今天这个局面。他建议景帝拒绝接受瓦剌的条件，并不是不想迎回英宗，而是此时并非迎回英宗的最佳时机。

初战告捷

也先接连失算，有些懊恼，于是在相持数日后，决定采取军事行动。他首先锁定了距离最近的德胜门，率军迫近，准备攻城。

于谦察觉到战事将发，便传令关闭城门，自己也上了城墙，亲自督战。

为了鼓舞全军士气，与敌寇决一死战，于谦下了几条严令："众位将士，瓦剌贼军已至，如今是我大明生死存亡的关头。土木之役，使我大明皇帝御驾蒙尘，无数将士血洒疆场，此仇此恨，不共戴天！今天我大明将士誓要讨回公道！

"临阵对敌，将军不顾军队擅自退兵，斩！

"前锋军队不奉将军命令擅自退兵，后队斩杀前队！”

此言一出，三军用命，不论是将军还是士兵，都抱着必死的决心，誓与北京城共存亡。

明军决定诱敌深入。

就在瓦剌军队逼近德胜门不久，于谦命令石亨率兵埋伏在德胜门周围的空房子里，然后派了一小队骑兵出去试探。这队骑兵见到瓦剌军后，且战且退。也先不知是计，率一万多骑兵前来追击。

等傲慢的瓦剌军队进入包围圈，于谦麾下的副总兵范广突然率兵出现。明军手执装填好弹药的火铳，朝着瓦剌军队一通发射。火器兵分作数排，交叉站立，前队发射完毕及时后撤装填弹药，后队替换上阵，这样可以保持火力连绵不断。一时间浓烟滚滚，火光冲天，瓦剌军被这突如其来的袭击吓坏了，在硝烟中横冲直撞，咿呀喊叫，乱作一团。他们本是草原部族，擅长骑射，此时在火战中却难以施展本领。只见战马受惊，嘶鸣狂奔，从马上坠地的敌兵数不胜数。

于谦站在城楼上，望着尘浪翻滚的战场，第一次露出了轻松的微笑。不久，斥候来报，瓦剌首领也先的弟弟孛罗、平章卯那孩，已经在战斗中丧命。这两人是也先的左膀右臂，现在死在城下，敌军气焰顿时大减。

在德胜门遭到迎头痛击的瓦剌军队，仓皇向西南逃窜。他们整顿队伍，试图进犯西直门，却被事先守卫在这里的都督孙镗撞个正着，双方短兵相接，僵持不下。这时，石亨从德胜门追击而来，与孙镗的军队形成前后夹击之势，瓦剌军见势不妙，只好再次撤退。

瓦剌军来时容易，想要顺利撤退却难了。就在他们逃窜到彰义门（今北京广安门）一带时，又遭到了副总兵武兴和都督王敬的阻击。瓦剌先锋部队受挫，且战且退。

军报不断传到于谦的耳朵里。他注视着京师的布防图，在图上标记着瓦剌敌寇的动向。他的神情虽然严肃，但并无不安之色。对他来说，眼下这些情况，都在他的谋划之内和意料之中。他深知敌我战力对比悬殊，想要正面取胜很难，所以在京城周围层层设防，诱敌深入，就是想以逸待劳，挫一挫瓦剌军的锐气。

于谦望着尘浪翻滚的战场，露出了轻松的微笑。

但是百密终有一疏，虽然城外的作战部署都在于谦的掌控之中，对内的防范却有些疏忽了，战场上竟出现了意想不到的情况。

瓦剌军队从彰义门一带撤退时，一群由内官组成的骑兵队伍突然出现，擅自追击敌寇，搅乱了原先的战局。这几百个内官并不在于谦的作战计划内，他们看到敌兵受挫，以为胜利在望，想要乘胜追击，争夺战功。这一闹，使得原来的战局优势瞬间消失，敌寇乘乱回击，明军副总兵武兴在混战中中箭身亡。明军又被瓦剌军追至城墙一带，战场形势急转直下。

关键时刻，京城的百姓起了决定性作用。于谦布防的时候，担心与敌寇交战时会伤及百姓，就下令将城外的百姓迁到城内安置。这一举动颇得百姓鿣许，因此在京师阻击战中，京城百姓始终与朝廷的决策保持一致，同仇敌忾。

当看到敌寇回追，形势对明军不利，百姓们自发地爬上了房顶，把事先准备好的砖头、瓦片当作武器，一股脑地抛向敌兵。他们奔走呼号，喧嚣詈骂，喊声震天，试图吓退敌兵。

瓦剌军队突然被密如星雨的石头土块攻击，一时间竟然难以招架，陷入混乱。

这片刻的牵制，为明军争取到了时间。没过多久，给事中王竑和都督毛福寿率领援兵赶来，再次扭转了战局。瓦剌军队见局势不利，终于再次退兵了。

战后，于谦上书景帝，请求惩治内官扰乱战局之罪。这次大战本来可以取得更好的局面，却由于那些内官不顾大局，一心争功，才导致诸多将士无辜阵亡。而正是这些视死如归的将士的努力奋战，才让北京城转危为安。每当想到这里，于谦都深感歉疚和愤懑。

乘胜追击

京师保卫战持续了五天之久，一度相持不下，双方互有死伤。对也先来说，拉锯战可不是个好消息。瓦剌大军远道而来，本来幻想着有英宗在手，可以趁机勒索明朝，然后迅速撤回草原，没想到明朝军民准备充分，应对得当，原先的如意算盘落空了。

"皇帝在手，居然也不好使了？"也先满腹郁闷，百思不得其解。

也先本来以为眼前这个刚刚经历惨败的国家已经不堪一击，很容易占到便宜，没想到出师不利，遭遇了明军异常顽强的抵抗，再这么耗下去，必然会对自己不利。

这个时候，又传来了不好的消息，前线探子带来情报：明朝已经在召集各地军队勤王，不用多久，就会有更多的援兵集结。

也先心中一凛：如果明朝的援军到达，自己的退路就可能会被截断。情况不妙，于是他火速下令全军掉头，带着英宗，从良乡一带向西撤退。

于谦终于等来了期盼已久的战果，他召集将士，准备乘胜追击瓦剌军队。他计划用火炮伏击之法，利用明军的火器优势，轰击敌军。但投鼠忌器，英宗目前还在敌营，稍有不慎，炮火有可能会伤及英宗。若英宗真有不测，自己岂不成了逆臣贼子？

他想来想去，还是决定谨慎行事，于是派了几名眼线深入敌营，留心英宗的行踪。也先撤军的这天晚上，于谦得知英宗的车驾走已经远，才下令炮击敌营。

俗话说："兵败如山倒。"也先的军队刚刚开动，便遭到明军轰击，瓦剌军瞬间变成了待宰的羔羊，互相践踏，死伤无数。身心俱疲的也先只好趁夜逃走。

瓦剌的威胁终于解除，京城转危为安。当于谦在朝堂上宣布这一消息，请求景帝犒赏三军时，朝臣们喜极而泣。这是景帝即位以来的首次大捷，为他赢得了足够的人心。这位年轻的皇帝在龙椅上已经没有先前的胆怯与拘束，逐渐变得从容自如了。

不久，景帝下诏论功行赏："连日来捷报频传，诸位大臣劳苦功高，朕心甚慰，不可不赏。现特加封兵部尚书于谦为少保，总督兵务。其他有功之臣，都加官晋爵。阵亡伤残将士，都加以抚恤。"

于谦一直不肯接受封赐，后来实在无法婉拒景帝的盛意，方才接受。

这是为什么呢？因为于谦觉得自己只是做了分内之事，不值得封赏；况且外患尚未根除，此时受封，愧不能当。

他在呈给景帝的奏疏写道："臣才疏学浅，担当这样的大任，已经十分惶恐。如今贼寇未平，战事频频，本该是臣子誓死效命之时，怎能因为一点微末功劳，就担当少保这样的重任呢？陛下的恩命，臣不敢接受，若陛下怜悯老臣，就请恢复臣的旧职，让臣提督军务，继续报效陛下。如此一来，也可安抚朝野舆论。"

景帝看到于谦的奏疏，也有点意外。北京保卫战，于谦的功劳最大，但他却不居功，而是如此务实，可见确实是忠君爱国的栋梁之臣。但这样的良臣若不封赏，岂不寒了天下人的心？于是他批复道："卿是国家的股肱之臣，国家重务委托于卿，卿应勉力为之，不要再推辞。"

接受了封赐的于谦并不兴奋，而是更加担忧国家的外患。他对人说："贼寇环伺，社稷难安，这真是我们这些做臣子的耻辱。声讨贼寇罪行，让他们归还圣驾，才是我们应该做的事。"于谦心里很清楚，瓦剌大军虽然撤退，但危险并未消除，绝对不可以掉以轻心。更何况英宗还在瓦剌手里，作为人臣，迎回圣驾的使命尚未完成，有什么理由去高兴庆贺呢？

诛除叛徒

瓦剌退兵后，朝堂上紧张焦虑的气氛有所缓解。但是边患未除，英宗未归，君臣仍在商议对敌之策。

虽然初战告捷，但朝廷在战还是和的问题上，依然存在争议。

山西大同府位于明朝与瓦剌的交界地带，向来是两国交战之地。瓦剌虽败，但兵势未衰，大同参将许贵奏请朝廷遣使议和，缓和一下目前紧张的边境局面。但是于谦认为此时还不是议和的时候，他向景帝进言："去年冬天，我朝就多次派遣使者携带财物前往草原，和瓦剌商议迎回圣驾，但始终没有结果。瓦剌诡诈多变，议和一事，不能草率。更何况我朝与瓦剌有不共戴天之仇，于情于理，难以讲和；如果一定要讲和，一旦瓦剌提出过分要求，我们是答应，还是不答应？答应了损害自身，不答应又会引起变动，被动的还是我们。总之，现在还不是议和的最佳时机。不如趁此机会挑选将士，努力操练，养精蓄锐，而不是随意遣使议和，自取其辱。"

于谦这番话陈述利害，让景帝和诸位大臣无不信服，于是朝廷断绝了和瓦剌议和的念头。多事之秋，朝臣多半心态虚浮，闻贼色变，唯有于谦能从容不迫，为朝野上下提供了精神支柱。

不久，瓦剌骑兵犯境，有些大臣坐不住了，认为应该发兵驰援。于谦始终稳如泰山，有条不紊地选调军马，显示出准备蓄力一战的姿态。同时早就安排石亨等人去处理军务，做好了应对的准备。没过多久，瓦剌就因担心明军大举进攻而离境了。消息传来，众人如释重负，无不叹服于谦料敌如神。

于谦深知，瓦剌最倚仗的是间谍和明朝降臣。早在王振专权的时候，瓦剌就借着遣使入贡的机会，在明朝广布眼线，时间一长，对明朝的情况越来越了解。这也能够解释为什么瓦剌来犯时，对京城周围各处关口如此熟悉。降臣就更不用说了，历朝历代都有这样为敌所用的人物，危害极大。西汉时期，匈奴就曾以宦者中行说（yuè）为谋主，屡屡进犯汉朝。间谍与降臣，往往成为中原王朝的一大心病。

也先举兵进犯北京城，诱使明臣议和，就是叛阉喜宁的计谋。喜宁与西汉时的中行说一样，本来是宦官，因为在土木之役中被俘虏，便投降了瓦剌。此人曾为英宗所宠幸，对明朝很是熟悉，瓦剌也先的多番侵犯，大半由他怂恿。于谦深知喜宁带来的祸害，常说："喜宁若是不除，敌寇终究不能平定。"他把宣府（今河北宣化）的守将杨俊找来，命他留意喜宁行踪。杨俊经过谋划，设计擒获了喜宁，送到京师。于谦当着满朝文武的面历数喜宁的叛国罪行，然后将他诛杀。

除了喜宁，还有个叫小田儿的亡命之徒，也被瓦剌招降，做了间谍。瓦剌侵犯明朝时，小田儿献计献策，为害不小。于谦奏请景帝，命侍郎王伟前往大同，设计擒拿并诛杀了小田儿。

喜宁一死，瓦剌如折一臂，自此对明朝有所畏惧。小田儿等叛国间谍的伏诛，更令瓦剌十分沮丧，无心再起战事。

迎回英宗

正所谓此一时，彼一时，不久，瓦剌开始主动示好，派遣使节前来议和，表示愿意归还英宗。

起初，明朝不想受瓦剌胁迫，对归还英宗的提议置之不理，况且景帝登位已久，朝野已经习惯了没有英宗的日子。但瓦剌这次却显得颇有诚意，频繁遣使来示好，这使得归还英宗一事再次成为朝议的焦点。

一批侍奉过英宗的老臣，如吏部尚书王直等人，对英宗归国很是期待，提议朝廷派遣使臣前去奉迎。另一批大臣却认为应该慎重。一时间朝堂上吵得沸沸扬扬，大臣们都没有注意到景帝的态度。

景帝很尴尬，更有些不高兴。他知道自己当初上位是事急从权，也有"代理"皇帝的心理准备。但是一旦坐上了皇帝的位子，并不是说放下就能放下，若真要迎回英宗，他该如何自处呢？

听着群臣商议，景帝不由得赌气道："朕本来不想登上大位，都是你们当时极力劝进，朕才坐上了这个位子。如今提议迎回皇兄的还是你们，你们究竟想置朕于何地？"

众臣这才反应过来，这事确实有些麻烦，迎回英宗是朝廷的夙愿，但迎回之后呢？如何处理英宗与景帝的关系？景帝受命于危难之际，助大明转危为安，已经颇受群臣拥戴，而且眼下朝局安定，断然没有再改换天地的道理。

于谦也无数次地想到这个问题。当初拥立景帝，是他从大局出发，力排众议的决定，如今迎回英宗，也是为了君臣大义，并不违背道义。迎回英宗这件大事，如果处理不当，朝廷必然会大乱。思来想去，他还是觉得英宗需要迎回，但皇位不宜再变。

见景帝情绪不佳，于谦便从容进言："陛下，如今天子之位已定，怎么会有变化呢？只是既然瓦剌诚心归还太上皇，我朝自当迎回，以保全君臣大义。如果对方暗藏祸心，我们再拒绝也不迟。"

听于谦这么一说，景帝脸色才有所好转，最后做了决定："就按于谦说的做吧！"

于是朝廷先后派遣李实和杨善前往瓦剌大营，安排迎回英宗的事宜。英宗能在一年后重回京城，依靠的其实也是于谦的努力。

景泰元年（1450）九月，英宗在经历了一年多的俘虏生涯后，终于回到了京城。只是京城早就改天换地，自己也成为太上皇帝了。回想过去这一年，他的心里百感交集，自己不仅御驾亲征惨败，还当了俘虏，如今能够安然返回，已是大幸，还奢求什么呢？再看弟弟朱祁钰，在皇位上干得有声有色，不仅挽救了大明朝，也获得了朝臣信任，这种情势下，自己又哪敢奢望拿回曾属于自己的东西呢？

英宗满怀惆怅地看了看太和殿的方向，然后依着内官们的指引，向南宫走去。在那里，他将接受百官的朝见，然后开始长达八年的幽居生活。

瓦剌来朝

几日后景帝早朝，有大臣上奏："启禀陛下，瓦剌遣使来，请恢复朝贡。念及瓦剌此前的种种野蛮行径，是否许可，还请陛下定夺。"

景帝道："瓦剌狼子野心，但经此一役，元气大伤。对方既然有诚心，不如先答应他们。只是防范事宜，须得做好。"

说完问于谦："于卿以为如何？"

于谦回答："陛下所言甚是，臣听说瓦剌此次派来了三千余人，为防万一，我军可在居庸关陈兵布防，以防不测。"

"就依卿所言。"景帝道。

"臣还有一议，可保朝贡无虞。世人都知道，和议不过是一纸文书，难以依靠。为今之计，应该施行安边之策。臣请陛下下令，命大同（今山西大同）、宣府（今河北宣化）、永平（今河北卢龙）、山海（今河北秦皇岛）、辽东（今辽宁北镇）的各处总兵官增建防御设施，以防外敌来袭。"

于谦所奏，都是在土木之祸与京师保卫战中取得的经验。

"甚好！就依卿所言。"景帝同意了。

没过多久，瓦剌便遣使来朝。像于谦等人预想的一样，瓦剌没有再挑起事端，反而不断表明诚意。当初瓦剌进犯中原时，沿路烧杀劫掠，百姓苦不堪言。恢复朝贡后，瓦剌每次遣使来朝，都会放归一些以前掳掠的明朝人口。

为鼓励瓦剌这一识时务的举动，于谦奏请朝廷，给来使丰厚的赏赐，表达朝廷赞许的态度。后来，被放归的人越来越多，达到了几百人。百姓能够回归家园，不能不说是于谦的功劳。更令于谦感到意外的是，瓦剌部众竟然也陆续来投，由于人数众多，竟一度无法全部安置。

于谦辅政不过一两年，明朝与瓦剌的攻守态势发生了明显改变。这让他扶摇直上，一步步走上了权力的顶峰。

权力顶峰

微隙已生

京师保卫战后，朝廷论功行赏，兵部尚书于谦加少保，总督兵务，成为军政大权的掌控者。于谦胸怀保国安民的良策，行事又果决刚健，因此景帝十分信任他。

行走在权力的顶峰，于谦渐渐感到有些力不从心，于是向景帝奏请："臣才疏学浅，眼下的这些公务，实在难以应付。如今副都御史罗通已经召唤来京，请陛下将总督兵马之责交给罗通，臣专心处理兵部事务。"

罗通是都察院右副都御史，先前瓦剌退兵时，曾对于谦论功行赏的方案不满，后来也多有不和。现在于谦举荐他来代替自己，可以说是"外举不避仇"了。

然而景帝不同意，回复于谦："兵权是国家重务，非卿不能执掌。卿一再推辞，足见谦退之心。然而眼下正是用人之际，还请卿不要推辞。"

既然无法推却，只能呕心沥血，努力工作了。只是于谦生性耿直，行事果决，不避嫌怨，在谲诈的政坛上游走，感觉越来越吃力。与此同时，他与景帝之间的关系也变得越来越微妙。

皇位坐久了，景帝的心态也逐渐发生了变化。刚刚监国时，他被朝堂上的骚乱吓得想临阵脱逃；初登皇位时，他局促自卑，反复表示登上皇位只是权宜之计。可是后来在于谦等大臣的辅佐下，局势逐渐稳定，他就开始打自己的算盘了。每当朝堂上讨论迎回英宗的话题，他都显得很不高兴。在国仇家恨与皇权之间，他有些患得患失。

英宗终于回来了，只是身份成了"太上皇"。名义上是移驾南宫居住，实际上和幽禁没什么分别。

在两位皇帝之间，于谦有些进退失据。他既在社稷危难时力保景帝坐稳了江山，又在此后不遗余力地迎回了英宗。在英宗心里，于谦另立新君，已经是不忠；而在景帝眼里，于谦又对迎回旧主念念不忘，未免是用心不专。

当时瓦剌虽然与明朝恢复朝贡，归还了英宗，但好战的情绪尚未完全褪去。就在这个时候，草原部族内部突然发生分裂，蒙古大汗脱脱不花与太师也先决裂，双方大动干戈。瓦剌一时无暇外顾。

得知消息后，于谦第一时间向景帝建言："陛下，臣听闻脱脱不花与也先相互构陷，以至兵戈相见，互有伤亡。想当初瓦剌犯我边界，使我圣驾蒙尘，永为国耻，臣日思夜想，要报此仇。如今不如趁瓦剌内讧，大举进兵，攻其不备，既可一雪前耻，又可肃清边患，这是一举两得之计。望陛下圣裁。"

景帝看到奏章，默然无语。

于谦还等着景帝回复。按照往常的情形，他提出的建议都会第一时间被采纳施行，今日却迟迟不见消息。

景帝十分不高兴。英宗早已回归，于谦却还想着为他报仇雪恨。他虽然知道于谦此举并非出于私心，但听到这样的话，心中还是烦闷不已。

景帝想了想，令司礼监朱笔批示道："眼下国家稍安，不宜再起战事，此事以后再议吧。"

于谦见到批复，心中有种异样的感觉。景帝已经有了主见，不是当初那个畏首畏尾的郕王了。

不止所献的兵略被驳回，接下来于谦又"被迫"接受了封赏。

三年前，景帝初登大位，或许是"受之有愧"，仍旧立英宗的儿子朱见深为太子。可是后来，眼看着自己的儿子朱见济渐渐长大，景帝内心难免有所起伏。他将英宗迁居南宫幽禁后，又筹划着改立储君的事情。

对于谦的封赏，正是和景帝的这番谋划有关。

改储风波

时间一长，英宗逐渐淡出了朝野的视线，景帝的群众基础却越来越稳固，改立储君的条件成熟了。

景泰三年（1452），一位名叫黄𬭎（hóng）的都指挥揣摩出了景帝的心思，率先奏请改储。不久，朝议通过，景帝名正言顺地废掉了朱见深，改立自己的独子朱见济为太子。

不过在这件事上，位高权重的于谦却显得态度暧昧——倡议不是他提出的，结果也不是他促成的，他只是在九十多位大臣联名合奏时，随大流地写上了自己的名字。

过程并没有那么顺利。礼部尚书胡濙、侍郎萨琦等人召集群臣廷议，大臣们都觉得贸然废立太子不合祖制，可又迫于景帝的压力，不敢直言，因此联名合奏的事拖延了许久。

这个时候，司礼监太监兴安看不下去了，厉声喝问群臣："这件事，今天必须有个结果，不同意可以不签！你们还在犹豫什么？"

到这个份上，大臣们也不好说什么了，毕竟没人敢忤逆圣意，事情很快议定了。

于是，胡濙、石亨等九十余人联名上奏：父位子继，是天下的公理。陛下上承天命，重振我大明雄风，实在是众望所归，黄闳所奏，也是臣等的心愿，请陛下不要推辞。"

景帝看到奏疏，心里很高兴，不过他还是故作镇定地推辞了一番："众卿所言，朕不敢自作主张，此事须上请圣母上圣皇太后，然后再做决定。"

不久，后宫消息传回。景帝又道："朕已得到懿旨：只要宗社安定、天下太平，那就应该顺从人心。众卿忠心体国，着实费心了。懿旨不可违，着礼部商定具体事宜，择日回报。"

改储本是景帝的夙愿，此时却说成是众意难违、却之不恭——景帝俨然已经稳操帝王之术了。

朝班中的于谦目睹着这一切，心中发出一声低沉的叹息。

太子改立，东宫官属也该调整一下了。景帝大笔一挥，先前奏请改储的人都得到了封赏。领头奏请的陈懋（mào）、胡濙、石亨和王直等重臣，都兼任太子太师之职；而于谦与大学士陈循等人则兼任太子太傅。

但凡略通世故的大臣，都知道这是景帝安抚人

心的手段，虽然受之有愧，但都不敢拒绝，恐怕拂
了圣意。

耿直的于谦似乎没有意识到这一点，再次推辞
接受太子太傅一职，不出意外，又被景帝驳回。不
仅如此，景帝又赐王直、胡濙、陈循和于谦等人支
取双份俸禄，虽然众大臣极力推辞，但景帝始终不
同意。

于谦上了一道奏疏，他诚恳地说："臣全家仅有
数口人，原有的俸禄已足够维持生计。如今边境和
京师事情繁多，用粮浩大，臣每想到这些便内心忧
虑，又怎么敢领取双倍俸禄？臣恳请只支取一俸，
以节省资费。"

于谦这一表态不要紧，一起受封的石亨、金濂
等大臣脸上也挂不住，都上疏请求只领一俸。

景帝自然不会允许："朝廷优待功臣，理所应
当，不必推辞。"

但于谦的话，却让景帝有些不高兴。国家大病
初愈，正是需要钱粮的时候，他岂能不知？但这次
封赏本就是为了安抚东宫官属，来巩固太子的地
位。这番用心，他以为不必言明，众臣都能体会。

可于谦那些话，分明是指责他开支无度，让他有些难堪。

大臣们也有些尴尬，甚至有些气恼。比起于谦的刚正执拗，他们更洞悉人情世故。本来是一件皆大欢喜的事，偏偏被"不近人情""爱出风头"的于谦搅和了一通，他们心里颇有微词。

权奸并嫉

于谦处事坦荡公正，却性格刚强，因此掌管军政大权以来，对他的批评和攻击就没有停止过。虽然他荐才无数，但深交者并不多。更有甚者，一些曾受到他的照顾的人，反过来反而忌恨他。

当时的御史官中，上疏弹劾于谦的人很多，其中不乏言辞恳切的长篇大论，但景帝力排众议，坚定地支持于谦。

景帝并非不知道于谦的性格，但他更清楚，土木之祸造成的国家危难，是靠着于谦才转危为安的。和他治国安邦的才能相比，脾气刚硬、不近人情的缺点几乎可以忽略不计。

然而，皇帝可以任人唯贤，大臣们却很难不挟私衔怨。于谦担任兵部尚书兼太子太傅以来，时常遭到同朝大臣的嫉妒与弹劾。

景泰初年，瓦剌刚刚退兵，右副都御史罗通就弹劾于谦上书表功内容不实。御史顾眈（dān）也指责于谦行事过于专断，抗议说，六部之事应该与内阁共同商定。其他对于谦有意见的人，也对他不断指摘。

对此，于谦依据祖制一一论辩，甚至不惜与户部尚书金濂激烈交锋。

大臣们越是如此，于谦越是坚持自我。对于那些主张议和的大臣勋贵们，他打心眼里看不起，时常轻慢他们，这样一来，树敌就更多了。于谦得罪的人里边，有两个人对他的命运起了关键作用：徐有贞和石亨。

徐有贞曾经因为土木之变后倡议南迁，被于谦怒斥过，那个时候他还叫做徐珵。自那以后，连徐珵这个名字也讨人嫌了，直接影响了他的仕途，于是他索性改名徐有贞。虽然后来时来运转，徐有贞重获重用，但当初"改名之恨"犹在，他一直咬牙

朝堂上，于谦不惜与户部尚书金濂激烈交锋。

切齿地寻找机会报复。

　　但徐有贞不知道的是，后来于谦曾举荐过他，只不过被景帝否决了。当初因为倡议南迁被申斥，徐珵名声大坏，虽多次蒙人举荐，却久久得不到升迁。当时的人事任免权掌握在于谦手里，为此他找到于谦的门客，希望于谦能举荐他做国子监祭酒。于谦不计前嫌，向景帝进言。但景帝对徐珵这个名字的印象过于深刻，就问于谦："这是倡议南迁的那个徐珵吗？此人狡诈善辩，喜欢危言耸听，如果做了国子监祭酒，只怕会教坏诸生心术。"于是这件事就搁置了。

　　徐有贞不知道于谦举荐过他，见此事没有结果，以为是于谦心怀芥蒂，有意阻拦自己，于是加深了对于谦的怨恨。这件事之后，他愤而改名。

　　石亨和于谦的关系则有些特别。当初石亨因为违反律令被削职入狱，是于谦保举，他才得以重获重用。按说，石亨对于谦应有感遇之情，但此人心术不正，野心泛滥，不仅不思回报，反而嫉妒于谦的名位。只是因为于谦当时恩遇正隆，如日中天，石亨只能掩盖自己的野心，假意屈从听命。

但是于谦过于大公无私，一视同仁，居然把自己提携过的石亨也"得罪"了。

　　京师保卫战之后，论功行赏，石亨由武清伯进封为武清侯。拜相封侯是古人的终极追求，成为武清侯，石亨自然十分欢喜。但他又觉得很惭愧，因为所有的战略部署都是于谦制定的，自己不过是很好地执行了这些决策而已。自己的功劳在于谦之下，却能够封侯，实在是心中有愧。思之再三，他决定投桃报李，报答一下于谦。

　　于是在于谦不知情的情况下，石亨上了一道奏疏，向景帝举荐于谦之子于冕。不久诏书下达，召于冕进京授职。于谦得知后十分惊诧，执意推辞，但景帝却不允许。

　　等于冕到京，于谦又上了一道奏疏，言辞恳切地说："为人父者，没有不想让子女富贵显达的，臣自然也有这个心愿。但如今国家正值多事之秋，做臣子的不该有过多的要求。臣才力微浅，有现在的官职已经令清议不满，又怎敢再次领受圣恩呢？何况臣的儿子于冕并非大器，也担当不起这名位爵禄啊。"

然后话锋一转，对石亨举荐一事表示不满："石亨位居重臣，不寻思去举荐隐士高人，也不去选拔行伍遗才来协理军国要务，却举荐了臣的儿子，这是想置国家公义于何地？臣掌管兵务铨选之职，荐才向来以军功为准，对侥幸冒领之事深恶痛绝。难道因为于冕是臣的儿子，就可以冒领官赏吗？臣恳请陛下收回成命，令于冕返回原籍，这样才能上不玷污朝廷名器，下不违背舆论公义，臣还可以免受指责。"

奏疏递入，景帝还是不允，仍旧授予于冕府军前卫副千户之职。于谦又推辞了几次，依旧无果，愤而叹道："就算是臣想为儿子求官，也会自己向陛下求取恩典，又何必假手石亨！"

从这话可以看出，于谦确实很郁闷恼怒，也显示出于谦此时位高权重，孤傲自负。

可是这话在石亨听来，却是很伤人的。他本来以为自己办了一件好事，没想到于谦并不领情，自己碰了一鼻子灰，心中着实愤恨。

不止这一件事。自京师保卫战胜利以来，于谦独揽兵务大权，是赏是罚全部由他裁定。杨洪、石亨和柳溥等人虽为大将，却无法发表意见。于谦与石亨的恩怨一直在持续，准确地说，是于谦对石亨等权臣的制裁一直在发挥着作用。

杨洪与石亨都是老资格的将帅，一向奸猾世故，石亨尤其贪图享乐，不知收敛。

杨洪死后，儿子杨俊仗着骁勇，桀骜不驯，居然上疏请求倾尽全力进攻瓦剌。这一提议遭到于谦的驳斥。后来，杨俊因为不法，被于谦削职论罪。

石亨有个侄子叫石彪，作战骁勇，颇有叔叔石亨的风范。叔侄二人结党营私，仗势欺人。于谦担心石亨叔侄执掌京兵时间长了生出祸患，就设法将石彪调出，前往大同戍边，做了游击将军。如此一来，石亨如失膀臂，气焰大减，对于谦恨之入骨，于是不断寻找机会，要将于谦彻底扳倒。

于谦对此并非没有感知，他深知自己的存在阻碍了石亨的野心，但是职责所在，他只能秉公处理。长期的身心疲累，使他力不从心，因此他多次向景帝请求辞去总督一职，以专心打理兵部事务，但景帝始终不许。

于是，冲突无法避免，双方又不愿意妥协，走向决裂就是必然的了。

以德报怨

被于谦的凌厉锋芒伤及的，不只是前面这几个人。御史出身的于谦，仿佛眼里揉不得沙子，一心除恶务尽，因而树敌颇多。

都督张轨因为征讨苗匪失利，被于谦弹劾了一本，心中大为不悦。宦官曹吉祥和刘永诚曾与于谦一起掌管兵务，经常被于谦毫不客气地批评，很失颜面，所以也对他产生了怨恨。这些人，都成为日后对于谦落井下石的罪魁祸首。

可于谦呢，面对权力场中的阴谋和倾轧，不但不以为意，有时还会以德报怨。

当时有个兵部侍郎叫做王伟，原先不过是个职方司郎中，官衔正五品，后来得到于谦的举荐，做了正三品侍郎。但这个人不思感恩，反生出小人之心。有一次于谦处理公务时，无意间犯了些差错，没想到这件事被王伟悄悄记下，找了个机会秘密呈奏给景帝。

景帝对于谦十分信任，自然不会相信这种挑拨，于是召见于谦，把王伟的密奏递给他看了。

于谦没有想到，身边的人竟会检举他，而且事实俱在，于是惭愧不已，伏地谢罪。

景帝笑了笑说："人非圣贤，孰能无过？朕素来了解卿的为人，此事不必放在心上。"

于谦回到兵部，正好碰到王伟。王伟热情地迎上前询问："于大人，不知今日有何圣谕？"一副焦急关切的样子。

于谦没有回答，而是将王伟叫回屋内。王伟显得有些着急，再三询问于谦面圣的情况。

于谦呷了口茶，不禁笑了一下，并不急着回话。王伟见此，心中倒有些慌了。他想，按说密奏圣上，理应有个结果，可如今看来于谦并未受到斥责，岂不怪哉？

此时于谦发话了："王侍郎，于某有一言，说与你听。当初于某举荐你为侍郎，是看你的才华可堪大任，不忍心埋没。你我既为同僚，自当勠力同心以报朝廷，你说是也不是？"

王伟频频点头。

"于某自问正道直行，遇事不敢擅专，如果于某有错，侍郎应该直言，要是合情合理，于某不敢不从。可是，侍郎为何要做这种事呢？"说完拿出密奏，递给王伟看。

　　王伟一看，那分明就是自己前日所呈的奏疏，瞬间羞愧得满面通红，恨不得找个地缝钻进去。他没想到，景帝居然如此信重于谦，居然将密奏透露给他；更没想到的是，于谦居然没有当众拆穿他，而是私下里和他对质，保全了他的面子。在这件事上，他是以小人之心度君子之腹，而于谦却能以德报怨，令王伟铭感五内，心悦诚服。

　　就这样，于谦坚守着他的人生信条，孤身行走在权力的顶峰。虽然身处权力中心，但他的为人和性情，却注定无法走得太远。可他依旧呕心沥血，为明王朝燃烧着自己的生命，没有丝毫怨言。

　　与此同时，景帝执政可谓一波三折。改储仅过一年，就有不幸的消息传来：年仅五岁的太子朱见济突然得了重病，不久竟离开了人世。景帝实在无法接受这个噩耗，悲痛欲绝，身体一下子大不如前。景帝的大部分努力，都是为了太子，如今痛失独子，如同长夜失星，他的灵魂和希望也仿佛被抽走了。他悲痛地追谥朱见济为"怀献太子"，终日沉浸在哀伤之中，身体也开始出现病兆。

　　对于谦来说，他头顶只有一片天，那就是景帝。不管他如何刚强独断、不近人情，在朝中如何得罪权臣勋贵、蒙受谤议，总有景帝为他保驾护航。如今景帝遭逢大变，龙体欠安，于谦的未来也蒙上了一层厚厚的阴影。

夺门成祸

暗流涌动

景泰八年（1457），正月十六，紫禁城。

景帝朱祁钰病了很久了。

他的心情很不好。登上皇位的这八年里，他苦心经营，努力巩固自己的帝位，一度改立自己的儿子朱见济为太子。但谁承想太子命薄，年仅五岁便不幸夭折。眼看着自己的身体日渐衰弱，膝下却无子嗣承继大统，他不禁悲从中来。他时常忧心忡忡地望着南宫的方向，想着自己的那位皇兄。

尽管英宗当年在土木一役中被俘，一度困顿，但幽居七八年后，身体仍然十分康健。英宗还有一个优势，是景帝无法比拟的：他有五个儿子，其中就包括被景帝废掉太子之位的朱见深。

太子之位久空，朝中那些嚷嚷着"复储"的大臣，眼看着景帝身体不好，又蠢蠢欲动了。

"唉——"景帝怏怏地叹了口气，转了个身，面向墙壁躺着了。

兵部直房里，尚书于谦仍如往常一样在忙碌地办公。连日来，有关边防的消息不断送到这里，待他披阅后拟成奏议，送呈皇帝。公务实在繁多，他索性住在直房，以便随时能觐见皇帝。

可眼下有件事令他焦心不已。皇帝染病已久，不见好转，朝臣开始议论纷纷。今日早朝，司礼监太监兴安那些隐晦的话，分明是要群臣奏请立储，以备不测。皇帝如今无子，东宫之位久缺，选择何人承继大统，着实费人思量。他和几位大臣商量过，觉得还是恢复前太子朱见深的身份更好一些，并思索着择日请示皇帝。对于未来，于谦纵然果断刚强，聪明睿智，也感到前所未有地茫然。

然而事情比他想象的还要糟糕，有人已经率先行动了。于谦不知道的是，就在这天夜里，一场改天换地的惊世密谋正在悄然进行，一次针对他的生死浩劫即将来临。

这一天深夜，时任太子太师的石亨，伙同都督张軏、左都御史杨善、左副都御史徐有贞、司礼监太监曹吉祥一行人，撞开太上皇朱祁镇居住的南宫大门。他们见到太上皇，伏身便拜，山呼万岁，请求太上皇复位。洞悉情由之后，朱祁镇忐忑地登上了石亨、徐有贞等人的车舆，直奔奉天大殿而去。为了这次冒险，徐有贞煞费苦心。他声称自己观星卜神，发觉紫微帝星有变，认为正是举事的好时机，应该尽快采取行动。而一同起事的石亨、曹吉祥、张軏等人，同样等待这一时刻很久了。

此事早有端倪。年初筹措郊祀的时候，石亨见景帝沉卧病榻，憔悴忧愁，要他代为主持祀礼，就知道这一天迟早会来。前段时间，他更是得到密报，大学士王文、太监王诚等人打算立襄王之子为储君，他和心腹们推测，他们背后的主使很可能是于谦。如果那样，则对自己大为不利。于是他急忙找来徐有贞、曹吉祥等人商议。之后他们形成了共识：与其日后失宠，不如先下手为强，做改天换地的功臣。

而此时的于谦，对正在发生的事情毫不知情。他还在直庐的荧荧青灯之下披阅着一摞摞兵部案牍，心里想着那一件件烦心事，时不时咳嗽一两声，声音里伴着痰壅。

夺门之变

黎明，夜色还未散尽。

通往奉天殿的路上静悄悄的，黑暗之中却有人头攒动。石亨调动了掌管的京师军队，在徐有贞的谋划下，与分管京兵的曹吉祥"秘密会师"了。他们拥着太上皇朱祁镇，经过长安门，长驱直入。

一路上遇到守卫兵士，便大声呵斥道："军情十万火急！北人又来犯我边境，我等火速前来救驾，保卫京师！耽误了大事，你们吃罪得起吗？速速让开！"

经历过土木之变的守兵们闻讯色变，不敢稍加阻拦。如此一来，一行人很快已至奉天殿。

这里是君臣例行朝会的地方，朱祁镇当然再熟悉不过了，只不过有七八年没来过这里，物是人非，不免有些唏嘘。在石亨、徐有贞、曹吉祥等人的簇拥搀扶下，他颤颤巍巍地坐在了皇帝宝座上，战战兢兢地等待着下一刻的到来。

兵部直房里，于谦刚刚睡下不久，剪灭的蜡烛还依稀冒着青烟。患痰疾以来，景帝经常派太医来探视，为他诊治。他屡次告归，景帝都不同意，还免去了他朝谒的义务。他无以为报，只能竭忠尽智，继续呕心沥血地工作。

天色微亮。大臣们如往常一样等候在宫外，准备朝见。于谦一夜没怎么合眼，站在百官中间，眼睛有些惺忪眯瞪。

时辰一到，敲鼓鸣钟，朝臣们次第走入宫门，步入殿中。

谁知抬头一看，大家都目瞪口呆。只见七八年未曾谋面的太上皇朱祁镇，正在皇座上正襟危坐，凝视着诸臣，一言不发。殿前侍立着太子太师石亨与左副都御史徐有贞，以及太监曹吉祥等人。

于谦看到这般情形，只觉五雷轰顶一般，痰壅气阻，就要晃倒，勉强支撑才稳住了身体。眼前的情况，他有些无法接受，他极力让自己冷静下来，已猜到了七八分。

随后他想到的，是自己接下来会发生些什么。

君臣对视半晌，一言未发，气氛凝固了。

徐有贞见状，大步上前向群臣发号施令："太上皇复位，众卿还不叩拜！"

他随即招呼石亨等人率先叩拜。群臣面面相觑，片刻，一个，两个，然后相继跪倒叩拜。于谦眼见太上皇夺门复位已成事实，只能随众跪倒，山呼万岁。

一夕之间，恍如隔世。

当景帝朱祁钰在病榻上听到钟鼓之声时，先是惊讶，紧接着隐约有种不祥的预感：怕是出大事了，有人要篡位。

他将满朝文武想了一遍，究竟谁能做到这一点呢？南宫锁钥甚固，皇兄幽禁已久，应该做不到这些。百官之中，谁又能做到呢？莫非是……他的脑海映出一个伟岸的身影，那个人曾将自己推上至尊之位，又力保国朝社稷安宁，大权在握，威势赫赫。难道是他？他怎么会……

没过多久，身边的人便带回了消息。

景帝急起身问："是……于谦吗？"

"回陛下，不是于大人，是……是太上皇。"

景帝病躯一震，脸色骤变，半晌道："原来是他，好，好……是什么人为他谋划？"

"陛下，是……武清侯石亨、左副都御史徐有贞和太监曹吉祥等人。"

景帝猛然抬头，露出满是血丝的眼睛，一时间怔住了。

他最担心的事还是发生了，但没想到的是，居然是以这样的方式。

可恨，可叹！他拼命用拳头砸着双腿，浊泪喷涌而出。

半个月后，景帝又做回了郕王，回到了八年前的起点。一个多月后，他在西宫黯然离世。

身陷囹圄

朝堂之上，太上皇朱祁镇复位，朝议初定，将论功封赏，大赦天下。徐有贞、石亨和曹吉祥等人拥立有功，跃居高位。

与此同时，秋后算账的时候也到了。那些在英宗"北狩"时未能及时营救，一意主战，后来又效忠景帝的人，一个都逃不过追查。于是，当初极力主战、反对议和，又将郕王朱祁钰推上皇位的于谦，便成了众矢之的。等待他的，是一片落井下石的声音、一道降罪的谕旨与一副冰冷的枷锁。

石亨、徐有贞与于谦结怨尤其深久，急欲除之而后快。他们唆使言官弹劾于谦和大学士王文等人的罪行：于谦结党营私，景泰年间和都督黄竑达成"邪议"，欲另立太子；与太监王诚、张永等人密谋迎立襄王；在景帝病重、满朝期待英宗复位之际，又欲纠合叛军，要擒杀总兵石亨……

一时间风吹草偃，谤议满朝。于是，太子太傅兼兵部尚书于谦、大学士王文等人被捕入狱。

历史总是这么荒诞而又无情。如果于谦等人先前的复储请求能够早些呈上，或许会是另一番景象。毕竟在复立沂王朱见深为储君这件事上，朝中很多人是赞成的。

都察院牢狱内，于谦的一品官服换成了囚服，他显然已经受了几番拷打，但神情一如往日的坚毅。他这个人一向刚强，以前遇到不如意之事，总会捶胸顿足地感叹："我这一腔热血，不知会洒向何地！"可如今这个结果，却是自己怎么也没有想到的。

尽管如此，他自问光明磊落，俯仰无愧于天地，因为心中无惧，所以显得出奇地平静。

不过一同入狱的大学士王文，则无法接受这"莫须有"的罪名，竭力争辩，怒不可遏。

负责廷审的是左都御史萧维桢，他将言官弹劾的罪名一一列出，讯问二人。

"罪臣于谦、王文，圣上当初龙潜南宫，实为天命之选，你们为何还要谋划拥立在外的襄王呢？"

"萧大人，望明察！我等皆忠心体国之臣，似这般有违常理之行，我等绝未做过！这是诬蔑构

于谦自问光明磊落，因此显得出奇地平静。

陷！"王文愤然辩道。

"这是朝臣的弹劾，绝非虚言，你等最好从实招来，以免受皮肉之苦！"

审了半天一无所获，萧维桢有些按捺不住了。对这个案子，先前有关官员已经以证据不足提出过异议，可是石亨与徐有贞早有嘱咐，务必将于谦等人问成死罪。如今没有别的办法，只能硬来了。

"萧大人应当明白，我朝一向有严制：若招藩王入京，须有金符。而今金符尚藏于内府之中，我等如何能够外通藩王！今日罪名，皆无真凭实据，分明是有人颠倒黑白，意欲置我等于死地！"王文情绪激烈，怒气冲天，他被身后的侍卫紧紧按住，气得身体不住地颤抖。

"王大人……无需如此。"一旁缄默许久的于谦开口了，"这不过是石亨、徐有贞之辈的授意，不论我们有没有做过那些事情，他们都想要我们的命。既然如此，申辩又有什么意义呢？"

"可是……于大人，我们对江山社稷有功啊……不该遭此千古奇冤，这不公平！冤枉啊——"

萧维桢听到于谦的话，眼笑眉舒："于大人，你若早这么说，也省去些牢狱之苦了。如今事实俱在，依我看来，这案子也该结了。"

于谦神色惨淡，欲言又止；王文不甘心，声色俱厉地呵斥着。但这都无法阻止定案。

次日朝堂宣读了于谦一案的决议：

"兵部尚书于谦、大学士王文及都督范广、太监王诚等人意欲迎立外藩，以谋反论罪；大学士陈循、萧镃（zī）、商辂（lù）等知情不告，以同罪论处。"

年届七旬的大学士薛瑄（xuān）认为判刑过重，再三请求宽宥。英宗刚复位，不忍拂老人颜面，寒了众心，于是下令免去于谦等人的凌迟之刑，改为斩刑；又免去陈循等人的死罪，改判远戍铁岭卫。

第二天，朝堂之上，御史萧维桢宣读案状，满朝文武大臣听得战战兢兢。

等到最终做决定的时刻，英宗表情略有凝滞，开口道："谋逆之罪，不容宽赦。不过于谦对国家社稷实在是有大功，如今要杀他，朕心中不忍。"

于谦对朝廷社稷的功绩，英宗心里清楚。自己当初被迎归，也全凭于谦之力。如今杀这样的功臣，天理难容。

见英宗迟疑，一旁的徐有贞和石亨等人急坏了。他们好不容易才将于谦置于死地，绝不能让英宗留情，留下心腹大患。于是，已升任内阁学士的徐有贞，也顾不得体面，急忙上前禀道："陛下复登大宝，应当出师有名。今日若不杀于谦，则师出无名，势必难以服众。请陛下三思！"

英宗心中一凛，稍稍镇定，只好点头默认了。于是下诏："少保兼太子太傅、兵部尚书于谦，大学士王文，都督范广，太监王诚、舒良、张永、王勤，依律当斩，没收家产，子弟发往边疆；大学士陈循、尚书江渊、俞士悦，侍郎项文曜，往戍铁岭卫；大学士萧镃、商辂，侍郎王伟、古镛、丁澄，革职。立即执行。"

含冤身死

得知圣裁的于谦，在狱中吃完了最后一顿饭。他蹒跚地站起身，拍掉身上的灰尘，朝着透出微亮的小窗，负手而立，一动不动，一言不发。花白的胡子随着地牢的阴风微微颤动，映着他坚毅冷峭的面容。

此时此刻，他的脑海里闪过一幕幕往日画面：弱冠中进士，意气风发；巡抚地方，奔走劳碌，平反冤狱，解民生疾苦；英宗北狩，独挑大梁，运筹帷幄，保卫京师；投身公务，废寝忘食，通宵达旦……

"六十岁了！我这一生，对得起朝廷和江山社稷，无愧于天地。罢了，罢了……"他喃喃道。

天顺元年（1457）正月廿二日，于谦等人被杀。此时距离英宗夺门复辟仅仅过去了五天。一座护持明王朝数十年的巍峨高山，片刻之间轰然倒塌。

这一日，黑云压城，阴霾翳天，日月无光。于谦囚车所经之处，百姓在路旁悲叹，哭声哀切。他们不明白，朝廷为何要这么做。

于谦死后，太监曹吉祥麾下有个唤作朵儿的指挥，跑到行刑之处洒酒祭奠，失声恸哭。曹吉祥闻言大怒，将朵儿唤来一通鞭笞，打得皮开肉绽。可这朵儿也是执拗，被打之后依然祭奠如故。还有一位都督同知陈逵，和于谦并无深交，只是出于对于谦的敬佩与同情，冒险到刑场为他收尸。

这一切都来得太快了。就连深宫之内的孙太后，起初也并不知道于谦已经身死，后来听说了消息，嗟叹哀悼了好些日子。

一代名臣于谦，就这样结束了自己轰轰烈烈的一生，只留下了许多忠贞的故事，任由后人议论、评说。

于 谦
生平简表

●◎ 明太祖洪武三十一年（1398）

1岁。农历四月二十七日（1398年5月13日），生于浙江布政司杭州府钱塘县清河坊太平里。父于彦昭，母刘氏。

●◎ 明成祖永乐十年（1412）

15岁。选充钱塘县儒学生员，成为秀才。

●◎ 永乐十六年（1418）

21岁。娶翰林董镛之女为妻。

●◎永乐十九年（1421）

24岁。考中进士。因指斥时弊，仅名列三甲第九十二名。

●◎明宣宗宣德元年（1426）

29岁。授山西道监察御史。八月，汉王朱高煦谋反，于谦代表宣宗申斥朱高煦。

●◎宣德二年（1427）

30岁。出任江西巡按。平反冤案无数。

●◎宣德五年（1430）

33岁。升任兵部右侍郎，兼巡抚河南、山西都御史。

●◎明英宗正统四年（1439）

42岁。任前职满九年，升任兵部左侍郎。

● ◎ 正统十一年（1446）

49岁。被太监王振误会，受到弹劾，降为大理寺卿，罢免巡抚。

● ◎ 正统十二年（1447）

50岁。恢复兵部右侍郎职务。

● ◎ 正统十三年（1447）

51岁。复任兵部左侍郎。

● ◎ 正统十四年（1449）

52岁。秋八月，土木堡之变爆发，明英宗被俘。于谦面对瓦剌要挟，极力主战。郕王朱祁钰监国，于谦升任兵部尚书。九月，拥立朱祁钰，是为景帝。十月，领导京师保卫战，取胜。

◎明代宗景泰元年（1450）

53岁。力主迎回英宗。

◎景泰八年（1457）

60岁。正月，石亨、曹吉祥和徐有贞等人拥立英宗复位，改元天顺，是为"夺门之变"。于谦以谋逆罪被处死，家人戍边。